U0948364

北京市教委科研基地建设—科技创新平台
——北京地区高等教育国际化研究（2013年）
（项目编号：PXM2013_014208_000030）

GUOJIHUA JIAOYU DE LILUN YU TANSUO

国际化教育的理论与探索

主　编　梁绿琦　姜闽虹
副主编　林　毅　朴美玉

中国社会科学出版社

图书在版编目（CIP）数据

国际化教育的理论与探索／梁绿琦等主编．—北京：中国社会科学出版社，2015.11

ISBN 978-7-5161-7049-6

Ⅰ.①国… Ⅱ.①梁… Ⅲ.①高等教育—国际化—研究 Ⅳ.①G648.9

中国版本图书馆 CIP 数据核字（2015）第 268370 号

出 版 人 赵剑英
责任编辑 罗 莉
责任校对 佳 文
责任印制 戴 宽

出 版 中国社会科学出版社
社 址 北京鼓楼西大街甲 158 号
邮 编 100720
网 址 http://www.csspw.cn
发 行 部 010-84083685
门 市 部 010-84029450
经 销 新华书店及其他书店

印刷装订 三河市君旺印务有限公司
版 次 2015 年 11 月第 1 版
印 次 2015 年 11 月第 1 次印刷

开 本 710×1000 1/16
印 张 12.5
插 页 2
字 数 225 千字
定 价 48.00 元

目　录

第一章　高等教育国际化内涵研究

第一节　高等教育国际化的理念

高等教育作为培养高级专门人才的社会活动，要想保持活力和向深入广远发展，必须向受教育者传播不同时期、不同国别的思想文化，开阔视野，让各种思想碰撞融合，实现百花齐放。高等教育的国际化、开放性正是高等教育发展对这种需求的产物，也是保持高等教育发展的动力和源泉。

高等教育国际化是一种历史现象，世界各主要国家大体都经历了“国际化—民族化—国际化”的发展过程。追溯到早期的高等教育，已经萌现国际性的特点。例如，在古印度时代，那烂陀聚集了大批来自亚洲各国的留学生和学者，因为在那里诞生了第一个高等教育机构，并传授当时属于最高学术内容的知识。那烂陀成为了东南亚乃至整个亚洲的高等学术中心。博洛尼亚大学是西方最古老的大学，具有“大学之母”的美誉，是欧洲四大文化中心之首。前来博洛尼亚大学求学的学者和学生来自世界各地。有学者说，中世纪的大学是“真正的国际性机构”，[①]它认为一切学问都是全球性的，主张普遍教学的自由，要求有到处进行教学的权利。

经济全球化推动了人才的全球性流动，高等教育也因此得以不断前进。文化的全球性融汇把高等教育推到了时代的前沿，成为发达国家改革和发展高等教育的共同抉择和普遍战略。我国自改革开放以来，也逐

① 万力维、张超：《国际教育：当代教育发展的共同趋势及我们的对策》，《中国高等教育资料》1997 年第 4 期。

渐认识到国际化对于高等教育改革和发展的重大意义和作用，邓小平同志提出的“三个面向”（即面向现代化、面向世界、面向未来），为我国高等教育的发展方向奠定了理论和政策基础，我国对外交流与合作日益频繁，国际化程度和水平不断提高。1998 年我国提出建设世界一流大学的目标，进一步促进了高等教育国际化的进程，有力地推动了高等教育的现代化。

一 高等教育国际化的几种观点

对高等教育国际化含义的研究，有利于高等教育现代化的长远发展。国内外学者多年来一直致力于高等教育国际化含义及其基本特征的研究。目前，国内外学者对高等教育国际化概念的认识和理解，主要包含以下几种观点：

1. 认为高等教育国际化是一种行为

有一种观点认为，高等教育国际化就是面向世界，参与国际化活动，开展国家间的交流与合作，积极发展本国高等教育思想的活动；而另一种观点认为，高等教育国际化是派遣和招收留学生、学者互访以及进行学术交流的活动。无论是哪种观点，其共性是：这种国际化的行为都需以国际化为载体，符合国际标准，与国际惯例接轨。而所谓接轨，指的是办学水平、教育质量、教育效益、教育潮流、教育惯例、统计标准等方面和世界的衔接与同步。

2. 认为高等教育国际化是一种模式

有些学者认为，高等教育国际化的最基本途径乃是一种理想的大学模式。这种模式在某种程度上可以衡量一个国家办理大学的水准乃至该国教育在国际上的水平。具体则表现为这种模式的认同性、交流性与开放性。

3. 认为高等教育国际化是一个相对完整的结构系统

它主要包含：一是对高等教育国际化及其持续性发展的认识与信念，是各国学术系统高度认同的内在信念，对于全球性高等教育的发展起着引领和整合的作用。二是处理高等教育国际化与社会知识、科学技术、教育机构以及国民素质的关系，为高等教育国际化发展提供基本政策和措施。三是高等教育国际化的具体活动，根据这些活动总结并适时调整适应时代发展的举措。

4. 认为高等教育国际化是一种发展过程

这种过程一方面指包含思想、模式与教学课程、教材，以及教师与学生在国家间的交流过程；另一方面也包含跨文化与本国科研及教学的交汇融合。高等教育国际化的发展过程亦受到社会政治、经济、文化等因素的制约和影响，但态度与观念的国际化是教育面向世界发展的坚实基础。有了国际化的意识，创造国际化的氛围，才能有效地进行高等教育的国际交流与合作。

5. 认为高等教育国际化是一种人才培养模式

还有一些学者从人才培养的角度来讨论高等教育的国际化。这种观点侧重于对教师、学生的态度和知识技能的培养进行讨论。经济全球化推动了人才的全球性流动，培养跨文化人才是新时代下国际发展对人才的需求。所谓跨文化人才，即具有国际视野、全球意识、人文关怀精神，拥有适应行业发展趋势的知识技能的人才。

二　高等教育国际化的内涵和基本特征

上述观点从不同的角度揭示了高等教育国际化的内涵。这五种观点归结起来不外乎表达了以下意思：高等教育国际化是以国际交流与合作为媒介，以面向世界为前提，各国或各地区间互相借鉴、广泛交流，充分结合本国实际，促进办学思想的兼容并蓄，增强管理体制的灵活性，推动人才培养全球化的过程，我国应积极参与国际竞争与合作，使本国高等教育国际化继续向广博、深入和特色化发展。

该内涵具有以下基本特征：

1. 高等教育系统价值和信念的趋同

高等教育对国家的忠诚、系统内学者共同体的“双重忠诚”和行为方式，以及目前各国研究并模仿发达国家成功大学的办学之道等都体现了高等教育系统价值、规范及信念的作用，成为高等教育国际化的发展本源和深层动力。

2. 教育机构特征和组织行为规范趋同

与发展中国家相比，发达国家的教育体系和运作方式较为科学、完善，这些是发展中国家在高等教育国际化中必然要吸收、借鉴的，这主要体现在高等教育的层次、科类、形式、分布和管理上，也体现在领导体制、教育教学体制、投资体制等方面。

3. 发展政策和活动方式趋同

发展政策为高等教育国际化的具体实施提供方向性指导，活动方式须在此指导下严谨有序地开展，二者须有机统一才能保证国际化教育活动的顺利开展。具体表现为高校制定既符合社会发展又结合国际化实际情况的人才培养目标，确定与此相配套的教学计划、专业和课程设置，以及教学质量和学术水平保障等一系列高校发展政策和活动方式。

4. 学术评估、教育统计和质量认证等的标准化、通用化

科研学术的国际交流与合作诞生了一些国际性的学术组织和国际通用的规则，如共同的专业术语、统计方法和评价标准等。CI、SSCI、EI、A&HCI 等已成为国际权威性的引文索引系统。

三 高等教育国际化面临的挑战

高等教育国际化犹如一把双刃剑，一方面能够加深彼此间的理解与沟通，从而加强国家间的交流与合作；另一方面也伴随着意识形态领域的冲突，以及政治因素等方面的消极影响。此外，发达国家、发展中国家以及不发达国家，在国际合作与国际竞争中，都会碰到许多矛盾与问题。

（一）本土化与国际化的对立统一

在高等教育国际化的过程中，本土化与国际化一直是既对立又统一的矛盾结合体。本土化力图保持各国高等教育的传统与特色，指向高等教育模式的多样化和丰富化；而国际化则“努力使教育超出政治与文化的界限”，指向高等教育模式的普遍化和趋同化。[①] 国际化要求各国高等教育彼此开放市场，相互借鉴，这容易使教育水平欠发达国家脱离社会实际，过分钟情于国际化而忽视本土特色，以至于削弱本国高等教育的功能，打乱本国教育的正常发展。

无论是本土化还是国际化，二者均是高等教育的自然和历史属性，共同推动着全球高等教育既趋同又多样化地向前发展。国与国之间的交流互

---

① 陈亚玲：《高等教育国际化——中国的历史与现状》，硕士学位论文，湘潭大学，2002 年。

补是教育国际化中的重要内容，国际化要尊重和服务于本土化，而本土化亦要批判地接纳国际化。只有民族的才是世界的。我国高等教育国际化也应该在这个前提下进行。

（二）从优秀生源到人才资源的竞争

加入 WTO 以后，我国在优秀生源的引进和输出方面主要表现为，政府积极扩大教育服务市场，鼓励学生走出国门；同时，创造宽松环境，吸引他国学生来华求学。相比而言，发达国家在吸引他国优秀生源的教育服务方面历史悠久，经验丰富，在国际竞争中占据优势地位。与此同时，境外求学的优秀生源也有相当一部分滞留他国，造成了发展中国家人才资源的流失。20 世纪末，人才流动的主要倾向仍然是欧美国家。近年来，随着我国在世界舞台上的地位日益重要，留学归国人员有所增加。但是仍然没有达到人才资源良性互动的理想程度。可见，高等教育国际化既为国内高校提供了合作伙伴，也提供了竞争对手。优秀生源的竞争已经升级到人力资源的竞争，必须不断提高我国高等教育国际化水平，使我们在人才竞争中争取到合理的优势。

（三）高等教育国际化存在文化渗透的危险

在与西方发达国家开展交流与合作的过程中，与我国意识形态领域相悖逆的腐朽思想以及在政治因素干扰下的反动思想不可避免地夹杂其中。而这些思想，通常不易察觉，其表面依旧覆盖着许多极具吸引力的面纱，对广大民众尤其是青少年造成一定干扰，其影响渐进又深远。对此，我们必须一方面强化对境外在华教育机构的监督管理工作，最大程度地杜绝各种形式的文化渗透；另一方面继续大力推进人文素质教育、政治教育、道德教育等，增强受教育者乃至全社会人员的抵抗和识别能力。

（四）民办高等教育面临的机遇与挑战

民办高等教育在我国起步较晚，相对于国内公立学校而言，无论在招生就业，还是在社会认可程度方面，都处于劣势。尽管如此，随着国家对民办教育的扶植，加上民办教育自身体制灵活、注重特色等特点，近些年也发展得风生水起，成为我国高等教育的有益补充和重要组成部分。境外教育机构的入境，对民办教育而言既是挑战，也是机遇；境外教育机构既是竞争对手，也是合作伙伴。民办教育可以利用国际化机遇发展自己，同时政府也应该借此机会大力鼓励、扶持一些民办高等教育机构同境外高等教育机构合作办学，丰富国内教育形式，缓解教育资源紧张的局面，壮大我国高等教育本土文化力量。

第二节 高等教育师资国际化

一 高等教育师资国际化的含义及基本要素

（一）含义

教师作为学校主体之一，承担着教书育人、科学研究、服务社会的三大重要职能，是学校生存和发展的灵魂。在高等教育国际化迅速发展的背景下，“教师的国际交流是高等教育国际化的一个核心部分。具有国际知识和经验的教师可以直接推动教学、科研向着国际化方向发展”[①]。可见，教师在整个高等教育国际化进程中具有不可忽视的重要地位和作用。

高等教育师资国际化具有多层含义：一是高校师资队伍结构的国际化。这是高等教育师资国际化的最初理解，主要指高校通过引进外籍教师、国际知名学者以及留学人员来校任教，改变教师队伍的来源结构，提高教师队伍中具有国际化学习与研究背景的教师比例。二是师资管理运行机制的国际化。随着国际交流与合作的不断加强，高校教师之间在思想、理论、方法等方面相互学习和吸收，各国特别是发展中国家不断吸收和借鉴发达国家的师资管理经验和管理理念，加深人们对师资国际化的理解。有学者认为师资国际化实质上就是“各国高校教师通过不断交流与合作，在思想、理论、方法等方面相互学习和吸收，并形成适合本国国情的高校师资管理运作机制的过程”[②]。

---

① 陈学飞：《高等教育国际化——跨世纪的大趋势》，福建教育出版社 2002 年版，第 13 页。

② 孔涛：《中国高校师资国际化问题研究》，硕士学位论文，南京理工大学，2004 年。

（二）基本要素

1. 高校师资来源的国际化

高校之间教师的国际流动是高等教育国际化的主要内容之一。通过聘请国外著名教授、学者来高校任教或讲学，吸收国外先进教学理念、教学方法和教学模式，打破“近亲繁殖”的不良影响，提高学校自身的教学和学术科研水平。

2. 师资管理运行机制的借鉴

师资管理运行机制是促进教师队伍稳定发展的重要制度保障。虽然各国高校的教育体制、师资管理体制不尽相同，但总的看来，各国的师资管理存在不少一致的做法并且有相似的发展趋势，如公开、民主的招聘程序，严格的入选、晋升条件，合理的师资结构，等等。

3. 教师素质的高要求

高校要走出国门，与国际接轨，教师必须具有较强的国际交往与合作能力，具备国际视野和开放的心态，要具有国际意识，时刻关注国际问题，尊重和理解国家间的文化、风俗传统差异，掌握和遵守国际法则及惯例；要具有创新意识和创新能力，不断更新教学内容，尝试新的教学方法，培养学生的创新精神；要具有终身学习的理念；要具有团结合作精神，相互学习，共享劳动成果。

4. 师资培训体系的国际化

通过各种形式的师资培训能有效完善教师的知识体系，提高教育教学能力，在高等教育国际化的背景下，建立国际化的师资培训体系非常有必要。包括选派国内教师出国访问、继续学习深造，聘请国外著名学者、专家来讲学，增强校际联合培训等。

二　高校师资国际化存在的主要问题

近些年来我国的师资国际化在国家的倡导和扶植下，其发展进程迈向了质的飞跃阶段。但由于我国高等教育国际化起步较晚，因此师资国际化建设整体还处在初级阶段。

（一）对师资国际化建设重点认识不够到位

当前，高校师资国际化建设仅仅停留在师资比例数字变化的表面层次，一味地追求国际人才数量的增加，不能进行深层次的内涵交流，难以真正实现教师队伍的国际化。应该通过多种形式的培训合作、跨界交流，通过“多元文化的碰撞、对接和融合”，[①] 重点提升教师队伍的“国际意识、国际竞争力和国际水平的培育”，培养“具有广博的文化知识和精湛的专业技能”，“具备现代化的教育意识和国际化的教育理念”，“了解国际先进的教学科研的新思想、新方法”的教师队伍。[②]

（二）高校师资国际化的机制不够健全

发达国家在师资运行机制上已经发展成熟，为国家高等教育国际化的整体发展提供了强有力的保障，值得我们学习和借鉴。就我们与发达国家在运行机制方面的差距而言，首先，在师资运行机制的规范和标准方面仍不完善。例如，缺少目标要求及相应的考核措施，致使各高校在操作过程中产生盲目性和资源的滥用。其次，缺少高校资源共享平台。我国高校资源分配不均是不争的事实，重点高校资源过剩，地方高校资源、资金严重不足，面对师资国际化的激烈竞争，地方高校明显处于劣势地位。国家教育主管部门应该建立资源共享平台或制定一定的扶持政策，为资源缺欠高校提供必要的外在条件，促进不同类型院校师资国际化均衡发展。第三，传统师资管理体制的束缚。海外人才引进后，各高校师资管理体制未能及时创新，海外人才要面临国内教学指标、学术论文指标等多方面的考核评价，高校官僚化严重，人才引进程序烦琐。此外，海外人才的国籍、养老、医疗保险等保障机制还未能与国际接轨，致使“本土化”进程缓慢，出现“水土不服”状况，外派教师“有去无回”，造成了人才的大量流失和不适应。

---

① 蒋立杰、黄明东：《论研究型大学教师队伍的国际化》，《河北师范大学学报》（教育科学版）2012 年第 2 期，第 42 页。

② 管春英、龚方红等：《论高校师资队伍的国际化建设》，《中国高等教育》2011 年第 18 期，第 46—47 页。

三　解决高校师资国际化问题的对策

前文提到，教师是高校生存与发展的灵魂。教师队伍的培养与发展，对于一国高等教育的发展至关重要，亦是关系到高等教育走向国际化的命脉所在。没有高水平的师资队伍，高等教育的国际化就无从谈起。因此，在高校师资国际化的发展过程中，各国及其高等教育机构都已经认识到优质师资对于本国教育发展的重要性。所谓优质师资，“不再仅仅在本国的高等教育系统中寻找自身的地位”，“而必须在管理和学术活动方面能够在一个超越国界的范围内有所作为”。[①] 因此，各高等教育机构要不断地对国际化进程进行反思，既要认清师资国际化的贯通性理念，又要寻找自身独特的优越性，开拓适合自身需求的多样化的国际化道路。

（一）师资建设国际化理念与时俱进

近些年，各国在高等教育国际化的趋势下，逐渐敞开胸怀，放眼全球，树立“大人才观”，打破各种限制条件，拓宽人才选拔渠道，公开、民主地选拔、聘用不同国家的人才，参与国际竞争，实现教学、科研等跨越式发展。

国家高度重视人才引进工作，政府出台了一系列人才引进政策，把师资队伍建设作为一项基础性、战略性、全局性、决定性的大事来抓。包括“春晖计划”、“新世纪优秀人才计划”、“长江学者奖励计划”、“海外名师项目”、“高等学校学科创新引智计划”（简称“111 计划”）、“海外高层次人才引进计划”（简称“千人计划”），等等。高校要抓住这一机遇，加大资金投入，不遗余力地推进人才引进机制建设，积极维护教育服务市场的良性循环，更加广泛深入地加强智力引进与输出，促使我国师资队伍国际化进程健康有序发展。

（二）优化高校“软”“硬”环境

所谓高校国际化的“硬”环境主要是指教学与服务设施，政府应为

① ［德］乌利希·泰希勒：《欧洲化、国际化、全球化——高等学校何处去?》，陈洪捷译，《北京大学教育评论》2003 年第 1 期，第 45 页。

教师教学、科研和社会服务提供良好的工作基础与环境。“软”环境建设方面更不容忽视。如国际化课程的开设、双语教学的频率、留学生的数量规模、开展不同国家不同文化背景特色的文体活动等；严谨治学、开拓创新、探求真知的学术精神与氛围；与国际接轨的教师管理和服务的机制；营造学习型的文化氛围，激发教师终身学习的愿望。“软”“硬”环境的建设对于教师与学生进行国际化的教与学、国际学术交流与合作、学校间国际活动的开展，起到重要的支持作用。只有建设起国际化的设施环境，才能在真正意义上保障国际化的师资队伍的养成。

（三）进一步完善师资国际化培养体系

要完善师资国际化培养体系，首先要借鉴国外先进经验，如美国的成功经验。美国在这方面的主要做法有以下三点：（1）在教师的选拔方面，注重国际化素养。教育机构在聘用前明确要求教师具备全球化才能，即在课程与教学改革中能够融入国际元素和体现国际趋势。例如，教师能够带领学生阅读和研究国际期刊，能够开展国际学生合作研究，培养学生的跨文化学习习惯。（2）强化教师的专业国际化成长。鼓励教师参与国家间的各类研讨会，提升教师的专业素养。美国一些高校设立专项资金用于鼓励教师开展国际化课程学习和相关课程改革，如美国印第安纳大学、马里兰大学都提供充分的经费资助，致力于大学教育和教师培训的国际化。此外，威廉帕德森大学、皇后大学、爱纳大学也都相继开展了旨在整合亚洲文化的教师专业课程学习。（3）丰富教师的国际经验。通过出国访问拓宽教师对他国文化的感知与了解，加深与他国教师间的交流与合作，从而丰富教师的国际经历与经验。一些高校通过参观访问，建立国家间校际合作关系，以此为教师提供在职海外学习的机会，如美国阿巴拉契亚州立大学就采取这样的做法。而像美国东北州立大学与泰国的博仁大学则以跨国校际间国际会议的形式开展教师交流学习活动，在很大程度上增强了教师间国际学习的经验。目前，大多数高校都接受国际访问学者，世界知名大学在这方面更是具前瞻性。教师访学作为其参与国际交流与沟通的直接经验，是高等教育师资国际化最直接、最有效也是最为普遍的方式之一。

因此，我们一要提供充足的经费支持，以相关组织或项目为依托，丰富师资国际化培养的内容。除了传统的语言培训，还需在跨文化教学、学术规范、国际交流、科研开发等方面拓宽教师学习和发挥的渠道。二要积极创建和开发教师参与国际交流与合作的平台，通过出国参观、考察，做访问学者，国内外高校合作或与国外企业合作共建研发基地，实现不同文化的交流与碰撞，拓宽视野，创新科研思路，掌握最前沿的学科发展情况，提高学生成果的国际化水平。三要创新评价考核机制，对于在思想观念、工作生活方式上存在不同见解，有较大差异的教师要给予理解和尊重，要改变传统的人才考核评价标准，建立与国际化人才相适应的科研自主权、人事管理权和经费支配权，实施弹性考核制度，避免多头评价、重复评价。

师资的国际化是高等教育国际化进程中整体性变革的一部分，它的发展道路任重道远，难以在短期内完成，需要继续通过国家政策的及时引导、国际化理念的准确应用、运行机制的科学实施、合作与交流活动的有效进行等多方面合力，才能达到理想的效果。

第三节　高等教育生源国际化

高等教育生源的国际化是高等教育国际化又一重要内容，已成为衡量一国高等教育开放程度的重要指标之一。生源国际化的重要表现形式为留学生的“进口”与“出口”。留学生“进口”即指引进和学习他国高等教育的经验与优势；而留学生“出口”则指把我国的教育资源推向世界，进行共享。由中国社会科学院社会科学文献出版社出版的国际人才蓝皮书《中国留学发展报告（2014）》显示，随着全球化进程的深化，特别在进入新世纪以后，全球学生跨国流动的速度明显加快，尤其是接受高等教育的留学生人数增长迅猛，从 2000 年的 2087702 万人次增加到 2012 年的 4528044 人次，增长超过 2 倍。从全世界看，国际留学生总量占全球高等教育总在校生人数的近 2%，而在许多国家这一比重甚至要更高。例如，澳大利亚的国际留学生人数占其高等教育在校生总数的 18%，英国为 17%，经济合作与发展组织（OECD）国家的平均值已达到 8%。生源的国际化已形成这样一种趋势：全球学生数量增加，生源国际化的规模急剧扩大。

一 留学生的“进口”

（一）来华留学生教育问题

改革开放以来，特别是加入 WTO 后，我国政府在留学生教育方面采取双向并行的政策，既鼓励国内学生走出国门，又欢迎他国学生来华求学。我国留学生教育在迈向新阶段的同时，也深感在教育水平、机制运行、管理服务等诸多方面与发达国家留学教育仍然存在巨大差距，这对我国高等教育生源国际化既是挑战，也是向他国学习、尽快提升自己的机遇。

1. 规模差距

发达国家的部分院校由于具有优越的科研条件、学习环境以及灵活的管理，对留学生有着巨大的吸引力。据联合国教科文组织统计，2006 年各国接收外国留学生中，仅学历生数量，美国以 58 万位居榜首，其次分别是英国、德国、法国、澳大利亚、日本以及俄罗斯。到 2009 年，我国接收留学生数量为 23 万多人，其中学历生仅为 9 万多人。数量的巨大差距也直接导致我国在留学生教育上的经济收益远远低于发达国家。

2. 结构与层次差距

在专业结构上，根据教育部的统计，来华学习的本科留学生有 80% 左右选择学习汉语言、中医、法律、经济等学科，理、工、农等学科的留学生数量较少。相较这种情形，发达国家外国留学生的学科选择则比较均匀，且分布广泛，如人文、商学、理工和管理等学科领域皆有涉及。

在留学生教育培养层次上，发达国家与我国的比较可参见下面两个表格。

表 1－1　（美国）外国留学生研究生与本科生比例①

加州大学系统	常春藤联合会院校	宾州大学
2.5 : 1	4.3 : 1	3 : 1

① 夏亚峰：《美国的留学生教育现状及其比较研究》，《外国教育资料》1996 年第 3 期。

表 1－2　　　2003 年来华留学生攻读学历层次情况①

来华留学生总人数：77715 人；其中学历生：24353 人，仅占：31.33%		
攻读学历层次	学生人数	所占学历生总数比例
本科	19319	24.85%
硕士	3397	4.37%
博士	1637	2.11%

20 世纪 90 年代后期，以美国为代表的发达国家在留学生学历教育方面已发展到以研究生为主，本科生进修为辅。而我国直到 2003 年，来华留学生中绝大多数仍是非学历生，学历生数量仍不理想，且攻读学历的层次仍然较低，在学生规模与教育层次上都与发达国家存在很大差距。

3. 管理差距

改革开放以来，我国留学生教育也随之逐步开放，并步入正轨。我国借鉴他国经验，专门设立外国留学生管理机构，以加强管理，提供相关服务，但管理内容仍然还停留在留学生教育与管理，以及协助政府相关部门办理留学生的相关手续事宜。而发达国家在留学生管理方面已经发展成熟，因此对于留学生的法制系统和社会服务保障系统都相对健全，这些方面都是我们今后需要大力学习和发展的地方。

（二）影响学生留学目的国的因素

1. 语言教育是影响留学目的国的关键因素

当前接收留学生数量排名靠前的国家都是其第一语言被广泛运用的国家（英语、法语和德语）。发达国家文化强势和语言强势是留学生选择目的国的内在因素。而非英语国家为了避免在语言方面的劣势，已经在大学课堂较大程度地使用英语进行教学。

2. 学费和生活费是留学生选择留学目的国的重要影响因素

过去的几年里，国外在费用方面吸引留学生的政策措施大致有两种：第一种是不收取学费，如在捷克和斯洛伐克共和国、丹麦、芬兰、德国、

① 国家留学基金管理委员会秘书处：《2003 年全国来华留学生统计摘要》，北京，2004 年。

挪威、波兰和瑞典，留学生和其国内学生一样是不交学费的。[①] 这种措施可以说是这些国家留学生数量迅速增长的重要因素之一。第二种则是提供一流的留学生教育及其配套服务，打破学费成本对于留学生选择目的国的干扰和制约，如澳大利亚、新西兰、英国对留学生采取了有区别的收费。但对于发展中国家的学生或是发达国家中一些经济能力相对薄弱的学生群体而言，费用问题仍然是留学时目的地选择的重要考虑因素。

3. 影响留学生目的地选择的其他因素

除了上述语言和费用因素外，海外大学的校风声誉及其学制的弹性，当地具备的发展机会，本国政府与目的国之间是否具备透明灵活的学位获取及学分互换政策，本国高等教育供给的有限性，以及国与国之间、校际之间的历史渊源、联系的密切程度等，都在一定程度上影响着留学生对目的国的选择。

（三）发达国家吸引留学生的成功举措

欧美发达国家在吸引留学生，尤其是优质生源方面，为我们提供了很多宝贵的经验。这些举措也为这些国家跻身高等教育国际化领头羊位置发挥了重要的推动作用。

1. 美国

美国作为"知识超级大国"，长期处于世界最大留学生接受市场的地位。根据美国国际教育协会（Institute of International Education）2006 年 11 月 13 日发布的报告（IIE Annual Report 2006），2005—2006 年度美国高校的外国留学生总人数为 564766 万人，这已是美国连续 7 年外国留学生总人数超过 50 万人。其中，美国南加利福尼亚大学在校外国留学生人数为 6881 人，连续 5 年为美国在校外国留学生人数最多的院校；哥伦比亚大学以 5575 名留学生人数位居第二；其余依次是普渡大学（5540 人）、纽约大学（5502 人）、得克萨斯大学奥斯汀分校（5395 人）。外国留学生的学费和生活费等每年为美国经济贡献约 135 亿美元，美国商务部将外国学生到美留学列为"第 5 大服务出口行业"。

美国之所以能够吸引大量留学生到美国高校留学，不仅离不开其庞大

---

① *Education at a Glance*：*OECD Indicators*，2005 Edition.（http：//www.oecd.org/education/skills－beyond－school/educationataglance2005－home.htm）

的高教体系，更离不开美国政府为吸收全球各地优秀学生所采取的积极措施。

（1）奖学金制度。几乎美国所有高校都设立奖学金制度，为留学生提供各级各类奖学金。

（2）优良的管理和服务，如提供勤工助学、合法打工的政策和机会。

（3）强大的国际宣传力度。美国高校非常重视对外进行学校、社区及语言教学方面的宣传，宣传手段多样化，还会通过各种媒介宣传材料，或赴世界各地做现场宣传。

（4）政策的连续性。为保证留学生源源不断地流入、留学生数量持续稳定地增长，美国制定了一套连续性的留学生教育政策。

（5）制定灵活多样且极具吸引力的人才引进政策和机制。例如，制定特殊的移民政策，为高端人才引进大开绿灯；设立各种专项计划和项目，通过国际交流与合作，吸引奇缺人才和高尖端人才；进一步扩大针对海外留学生招聘的吸引力度，大力发展猎头产业，拓宽美国所需人才的招募渠道。

（6）高校的自主权。美国各高校及研究机构拥有高度的自主权，政府对留学生的招收人数及条件都没有固定要求，由各高校自主决定。

2. 英国

20 世纪 90 年代之后，高等教育国际化向更深层次发展，各国间的国际教育竞争越发激烈。英国政府加大人力、物力的投入，开拓海外留学生市场，重塑留学生教育强国形象。首先是在政策方向上，为了吸引非欧盟留学生，英国前首相布莱尔于 1999 年和 2006 年先后发起了以政府为主导的留学生扩招行动——《首相行动计划Ⅰ》和《首相行动计划Ⅱ》，一方面通过政策支持吸引海外生源，另一方面加强与他国学校间的交流与合作。倡导打破国界，发挥英国的教育优势，为青年人提供全球化、跨文化的优质教育机会。该计划先后发布两次，分别成功吸引了过十万的优秀海外生源，并与国外高校建立了良好且深入的合作关系。此外，英国亦大胆创新，在吸引留学生措施方面，探索出了很多至今仍为我们借鉴的成功经验。

合作办学。其组织形式主要有：公立大学间的境外合作办学、公立大学与私立大学间的境外合作办学、公立与企业大学间的境外合作办学。办学模式主要有境内合作开展教学和科研工作或境外联合培养大学生两种。

教学模式主要包括：引进对方的教学计划、教学大纲和教材以及相关教学手段，聘请外国教师来中国讲课，派遣中国教师去外国进修，引入外国的教学方法，如课堂讨论、实践环节、案例教学等，并进行双语授课。通过引进国外的教学模式，做到在国内培养出适应国际市场需要的合格人才。授课方式则分为学生境外修读所有课程和国内与国外各自修读部分课程两种。无论是哪种授课方式，只要最后成绩合格，学生均可获得英国大学颁发的学历和资格证书。

（2）保证教育质量。随着英国 1995 年《高等教育境外合作办学实施准则》的颁布，英国已经在跨国高等教育资格认证、跨国高等教育专业认证和跨国高等教育质量审核方面，形成了一套比较完善的跨国高等教育质量保障体系。定期监督审查的做法，确保了英国高等教育国际化的顺利进行。

（3）完善的管理体系。为了发展本国的留学教育，英国政府和学校都非常重视建立健全一套运行良好的管理、服务体系，其中不乏值得我们学习和借鉴的地方，如：为协助校方招收留学生，政府部门设立专门的国际事务办公室；重视发挥宣传的作用，设立专门的部门或派遣专门的人员到国外开展留学生教育的咨询服务；提供多层次、多形式的学习课程、旅游服务、信息咨询、社区图书馆以及免费社区医疗等服务项目；设立各种奖学金制度；缩短留学生学制；放宽留学生在英就业或签证政策等。

3. 澳大利亚

近年来，澳大利亚以其高质量的教育、富有吸引力的留学生和移民政策、优良的自然环境、和谐的社会环境，每年吸引了大量来自世界各国的求学者。2007 年 2 月 20 日，澳大利亚官方对社会公布了其国际学生的注册人数数据。该数据显示，2006 年澳大利亚在读留学生人员较 2005 年增加了 11%，已超过 38 万人。其中亚洲留学生占 75% 以上，主要来自印度、韩国和中国。①

（1）将国际教育产业化。澳大利亚教育、科学与培训部部长朱莉·毕晓普强调，“澳大利亚必须在教育方面与海外保持密切联系，使澳洲未

① 李洪明：《澳大利亚国际学生人数持续增长》，2012 年 3 月 14 日，决胜网（http://www.chuguo.cn/study_abroad/campaign/Study_In_Australia/95050.xhtml）。

来的经济和社会持续发展”[①]。国际教育产业对澳大利亚的经济已经起到并且将继续起到必不可少的作用。在澳大利亚，教育正逐步发展成全球化产业的一部分。在说英语的国家中，澳大利亚是继美国、英国之后的第三大国际学生的目的地，留学人数持续增长。2006 年，国际教育为澳大利亚经济贡献 101 亿澳元，成为澳大利亚第四大出口产业，仅次于煤、铁矿和旅游业。

（2）重视保护留学生的权益。首先，澳洲是世界上第一个推出国际学生保护法《海外学生教育服务法》的国家，拥有一套非常健全的法律制度；其次，通过实施院校课程审批和教育质量评估制度提供全方位的教育质量保障；再次，为进一步保护海外学生的权益，澳洲政府建立投诉机构，投诉的范围很广，包括拒绝录取、学费缴纳、退款、课程设置以及住宿安排等。海外学生申诉监察专员的服务是免费的，且政府保持其独立性以确保公平公正。

（3）扩大奖学金计划。澳大利亚提出“澳大利亚奖学金计划”，增加奖学金金额，放宽奖学金范围，增加奖学金受众比例。

4. 日本

二战后，日本把发展高等教育国际化作为面向 21 世纪最重要的国家战略。20 世纪 70 年代，日本又提出培养国际化人才的目标。随后的日本不断推出政策措施，在高等教育国际化的道路上不断突破。日本的留学生教育主要有以下几方面特色。

（1）增加留学生费用的减免办法。国立大学的硕士或博士留学生可申请学费减免和各种奖学金，以减轻经济负担。

（2）鼓励留学生攻读高层次学位，既可提高留学生的层次，又能优化留学生结构。

（3）大力实施留学生资助计划。设立政府奖学金，奖金金额以每年 15% 左右的速度递增；建设“国际大学村”，帮助解决留学生的住房和交流问题；允许留学生每周打工；减免部分留学生学费，为部分自费生提供部分住宿费、医疗费等。

① 《澳大利亚海外留学生人数逾三十八万，中国占九万》，2012 年 6 月 6 日，决胜网（http：//news. juesheng. com/detail/59051. html）。

二 留学生的“出口”

近些年，亚太地区新兴国家的崛起，极大地推动着国际学生的流动速度和规模。到2007年，全球的流动出境率达到了1.8%。在当年全球主要留学生派出国的排名统计中，居于前10位的国家分别是中国、印度、韩国、德国、日本、法国、美国、马来西亚、加拿大和俄罗斯。这10个国家派出的留学生占全球留学生总数的37.5%。[①] 其中，除了太平洋地区的国家以及西欧国家外，东亚国家迅速攀升至榜首，这与这些国家经济发展、重视留学生教育关系密切。

（一）中国学生的“出口”情况

1. 来华留学与我国学生海外求学的不平衡

他国学生来华求学即“流入”，我国学生出国留学即“流出”，二者之间人数的差距与由此产生的贸易逆差，是衡量一国留学教育的重要指标。如表1－3所示：

表1－3　　2001年中国留学生输入和输出数据对比[②]

	学生人数（人）	学费（美元）	出口贸易额/外汇输出额（美元）
中国学生出国	131138	12914	17亿
他国学生来华	41226	4100	1.7亿

我国为他国带来的留学教育贸易额与我国获得的该项贸易额收入相差10倍。此外，发达国家在吸引他国留学生的人数及因此产生的贸易额上，也远远高于我国，其中尤以与美国的差额最大。

2. 中国留学生“学而不归”问题

我国赴海外留学的学生，有相当一部分在毕业后会留在目的国或选择

① 张杰庭：《鼓励民办学校参与竞争提升我国教育服务贸易国际竞争力》，2012年3月9日，中国教育网（http：//www. edu. cn/jyzc_ 12163/20120309/t20120309_ 750326_ 1. shtml）。

② 以上数据根据《中国教育年鉴2001》和《中国统计年鉴》提供的数据计算而来。

去他国工作，导致我国出现人才外流的现象，这种现象一定程度上影响和制约了我国高等教育国际化的发展。通常我国派遣留学生的方式主要分为国家公费、单位公费以及个人自筹。自 1978 年至 1997 年，我国先后向 103 个国家和地区派遣留学生 30 余万人，学成归国人数为 9.6 万人。[①] 近年来，随着我国国力的增强，派遣数量迅猛增长，2013 年至 2014 年间，仅派往美国的留学生就已增至 27 万余人，其中滞留美国的留学生仍然占到六成，且目前我国滞留海外的智力资源亦主要集中在美国，留美人员的回国率仅为 31%。

留学生"学而不归"给发展中国家造成的不良影响是人所共知的。在众多的"学而不归"者中，有不少是国内急需的高级专业人才，他们的专业几乎覆盖了当代科学的所有领域，如物理、化学、生物、计算机、激光、能源、新材料、空间技术等。目前在欧美一流研究机构或著名高等学府中，成绩优秀或成就瞩目的不乏中国人。我国赴海外求学的学生在留学期间的费用，诸如学费、住宿费以及其他消费，为目的国带来了巨大的经济实惠。以美国为例，根据国际教育协会 IEE 发布的《2014 美国门户开放报告》数据显示，2013—2014 学年，留美中国学生人数总计为 274439 人，较上一学年增长 16.5%，这是连续 7 年以两位数增长。中国继续位列美国最大的留学生来源国。中国大陆留美学生为美国经济贡献了 80.4 亿美元。

（二）美国学生的"出口"情况

1. 从持续低迷到迅速增长

20 世纪 90 年代，是世界各国高等教育国际化取得大发展的一个转折时期，各国加速了跨国教育的步伐。而此时的美国在派遣留学生方面仍处在不太理想的状况，总出国学习比例还没有超过 1%。与此同时，美国学生选择留学的目的国也还是围绕在几个传统国家里，留学专业则压倒性地限制在人文和社会学科专业，只有少量学生开始选择种族研究和经济类专业。[②] 2009 年 6 月美国总统奥巴马提议加大人力、财力投入力度，促进

---

① 陈可森：《留学工作二十年》，《神州学人》1998 年第 6 期。

② Fred M. Hayward, "Intermationalization of U. S. Higher Education Preliminary Status Report", *American Council on Education*, June 2000.

美国与他国间的教育交流。国务卿希拉里·克林顿也敦促2009年的毕业生成为“通过自身的生活和事业缔造全球伙伴关系的公民使节”。在美国政府的鼓励推动下，其留学生的“出口”情况有了明显的好转。政府通过各种资助项目鼓励学生赴国外留学，例如2009年富布莱特项目和吉尔曼国际奖学金都促使申请该项目出国留学的人数发生爆炸式的增长。仅当年，美国到海外求学的人数也达到了创纪录的数字。①

2. 美国留学版图从西欧延伸至亚非拉

美国学生留学目的地多集中于西欧，这种情况直到20世纪90年代，仍然没有得到明显的改变，七成多的学生仍然以西欧国家，如英国、法国、西班牙及意大利作为首选。把日本作为留学目的地的人数只有极少数，而日本也面临与我国相同的情形，留学生的输入与输出处于明显的不平衡状态。从20世纪90年代末，随着美国政府的鼓励支持以及相关项目资金的大量投入，美国学生的留学范围开始突破欧洲国家，赴亚洲、非洲和拉美地区学习的人数呈现上升趋势。数据表明，仅1995年全美赴亚非拉留学的人数已占到美国留学总人数的25%。进入21世纪，尤其是2008年世界金融危机后，美国留学人数比往年又增加了近一倍，除了传统的欧洲国家外，亚非拉对于美国学生的吸引力仍然保持强劲势头，在美国海外留学人数中，赴亚洲者占到26%，非洲达到19%，而拉丁美洲则增至14%。而在亚洲国家中，中国日益受到许多美国留学生的青睐，自2007年以来，美国在华留学人数稳步增长。2008年、2009年，美国来华留学人数分别达到19914人和18650人，是来华留学人数最多的国家之一，仅次于韩国，位列第二。

3. 留学专业：符合社会发展需要

20世纪90年代之前，美国留学生选修的专业还多集中于社会科学或人文科学，近十年来，这种专业布局已经发生了很大的改变，除了上述两个传统专业外，工商管理、实用艺术、物理与生命科学、外语、健康科学、教育学、工程学、数学和计算机科学、农业科学，也成为了美国学生的选择。这与历年来在美学习的国际学生所选的11大热门专业绝大部分相同。出现这种现象是社会发展的必然。经济全球化促使了劳动力市场的

---

① “IIE. U. S. Study Abroad Student Profile”, August 2011. (http://opendoors.iienetwork.org/?p=150839)

全球化，具有国际视野的留学生走出国门，势必寻求世界产业进步与个人未来发展相一致的专业，而这些学科在美国的开展亦具有一定的广度和深度，这与留学生的选择也有一定的相关度。

4. 留学期限：趋于短期性

学习期限是影响留学效果的一个重要变量。长期以来，美国学生出国留学都受到一种长期留学更好的思想的影响，认为只有长期的海外学习才能真正建构起留学生的跨文化技能。这种观念随着20世纪90年代美国政府提出大力推动本国学生海外留学开始，逐步发生了改变。美国针对本科生出国的国家特别工作组，对一些不愿意或者没有能力花费一个季度、一个学期或整个学年的时间用于国外留学的情况给予了重视，这直接导致了短期留学计划的潮流。短期项目分为两种：一种是短期长度，包括夏季一个学期或是八个星期或更少；另一种为中等长度，即一个或两个季度或是一学期。随着经济全球化和跨文化人才的需求增强，美国在高等教育的人才模式方面必须适应时代与社会的发展，同时也要考虑到学生个人的实际情况和需求。留学期限不是一成不变的，短期项目应运而生，它为学生实用能力的迅速成长提供了条件，亦为高等教育资源的合理利用提供了丰富的经验，更为美国高等教育国际化的发展注入了活力。短期项目势必成为美国留学发展的趋势，并将成为未来相当长时间内美国留学生的重要学习方式。

第四节　高等教育教学国际化

众所周知，教学作为一种载体和手段是开展教育的命脉。高等教育要想真正走向国际化，教学的国际化首当其冲。通过师资国际化的带动，教学必须真正迈入国际化的轨道，才能使国家的科学知识和技术与世界接轨、融合，为国家整体教育和民族发展服务。教学的国际化是高等教育国际化中的重要一环，直接关系到高等教育国际化的质量。教学国际化主要体现在外语教学与本国文化的传播、课程国际化等方面。

一 外语教学与本国文化的传播

（一）法国鼓励外语教学，开启弘扬本国语言和文化的进程

法语是很多地区或组织的官方语言（例如联合国、欧洲联盟），现在全世界有8700万人把它作为母语，以及其他2.85亿人使用它。把法语教学与本国文化传播相结合，通过语言和文化学习参与国际化交流与沟通，是法国高等教育走向国际化的重要组成部分。自1993年开始，法国各高校要求学生掌握一门通用的外语，以增强年轻人的“欧洲意识”。为实现这一目标，法国政府积极推行欧盟开设的“林瓜项目”，鼓励教师和学生学习外语，支持企业开展关于外语的培训项目。此外，英文课程也在许多大学和学院广泛开设。

在注重学习外国语言的同时，法国政府还积极推广本国语言以促进文化的国际交流。通过法语联盟教授法语以及举办各种讲座，以此来宣传法国文化；在海外建立对外语言文化传播机构，如法语教育中心、文化传播协会等，并通过立法将这些机构规范统一。此外，加大宣传力度，不仅在普通民众中进一步提升法语及其文化的吸引力，还注重在政府高层中扩大它的影响力。

（二）德国加强外语教学的比重，促进本国文化与世界文化的交流

德国政府非常重视与欧洲国家和世界各国的交流与合作，并且把德国公民熟练掌握三种欧洲内部语言看作欧洲公民的“素质标签”。德国联邦教育与研究部于2002年制定并推出的《教育与研究向世界开放：通过国际化实现创新》的文件，就明确提出加快德国教育国际化步伐、提高国民国际化生存能力对于提升德国整体实力的重要性。就外语学习而言，德国主张最好在学前阶段就开始学习一门外语，在小学阶段就打下坚实系统的基础，国民至少掌握两门外语。

在德国，外语课从五年级即作为必修课，开设的外语通常是英语或法语；从七年级开始作为选修课，开设的第二外语通常是英语、法语或拉丁语；九年级开设的第三外语通常是英语、法语、拉丁语或古希腊语。

德国政府和高等院校也非常注重本国的语言教学和文化的传播。自2001年1月起，德国成立歌德学院国际交流中心（Goethe—Institut Inter

Nationes)，成为德国对外文化政策的最大执行机构。其主要任务是受德国政府委托介绍德国国情和文化并提供语言培训和教师培训。歌德学院国际交流中心在德国内设有15个分院，在国外设有128个分院，分布在世界上76个国家。作为一个语言与文化机构，歌德学院以良好的信誉在世界文化竞争当中立于不败之地，并由此提高了德国的声望。[①] 随着经济全球化的发展，特别是东亚国家经济实力和国力的增强，歌德学院的工作重心也适时进行了调整。东亚以及伊斯兰国家也被列入继欧洲国家之后，德语及其文化重点推广的地区。歌德学院在世界范围内积极从事文化活动，同时加强与欧洲各国文化学院或机构如法语联盟、英国文化协会等的联系与一致性，旨在促进国外的德语语言教学并从事国际文化合作；通过介绍有关德国文化、社会及政治生活等方面的内容，向世界展现一个丰富多彩的德国。

（三）美国采取有效措施鼓励青少年学习外语

美国民众尤其是青少年学生，受其世界强国意识的影响，多数人对于外语学习不太重视，参与国际学习的意识也不是很强烈。美国现代语言协会（Modern Language Association of America）的调查结果反映了类似的情况。[②] 除此之外，美国外语学习呈现出以下几种情况：第一，选择进行外语学习的学生多数来自人文和社会科学的相关专业；第二，在学生的学历层次上，只有少数学生达到本科生水平；第三，由于受到留学目的国的选择局限，外语学习的种类也有明显的倾向性，基本上多选择西班牙语、法语或德语，亚洲语系仅占6%，中东语系低于2%。

进入21世纪，美国注重并采取措施鼓励公民尤其是青年学生学习外语。一方面，政府积极鼓励各项语言计划或培训项目，为美国民众尤其是学生提供多语种学习的平台；另一方面，在课程设置上，构建有效的学术环境、提供便利的双学位或联合学位课程，为学生创造语言学习和国际化学习的良好条件。更值得一提的是，“9·11”之后美国对外语语言教育

---

① 张帆、王红梅：《文化的力量：德国歌德学院的历史和启示》，《比较教育研究》2006年第11期。

② Fred M. Hayward, “Internationalization of U. S. Higher Education Preliminary Status Report”, *American Council on Education*, June 2000.

进行立法，加强外语与区域研究奖助计划，为保障和促进外语教育的实施和发展提供法律保障。

二 课程国际化

（一）高等教育国际化课程的内涵

1. 课程国际化的含义

课程与专业设置是教学的核心，因此教学的国际化首先是课程与专业的国际化。课程与专业设置是教学能够顺利和深入开展的基石，因此，课程与专业的国际化直接关系到全球化人才的培养，从而直接影响到教学国际化的程度。

国际化的课程在内容上趋向国际化，指的是引进国外的教学资源，结合国内的教学实际，设计出适合国际化人才培养的课程。国际化课程包含两层含义：一是扩大本国学生接受他国教育的平台；二是提高我国为世界各国留学生提供教育的质量与层次，从而吸引更多国家、更多数量、更高层次的留学生。这两层含义旨在充分提升我国高等教育的整体水准，深化我国高等教育的国际化程度。

2. 课程国际化的表现形式

课程国际化通常有如下几种表现形式：

（1）课程与专业的设置与国际化要求相适应。在充分了解并尊重世界各国文化的前提下，开设适应经济全球化发展的专业，以及适应国际竞争与能力培养的课程，培养学生国际化视野和国际化生存能力。

（2）在课程创新方面突出国际主题。目前我国开办的大学都设有与国际内容相关的院系、专业与机构。且在课程安排上，也有相应的以国际化内容为主题的系列课程，如国际关系、国际经济、国际商务与贸易等，包括在信息科学、人文科学方面也有国际化内容的课程。

（3）在教材的使用与编纂中融合国际化方面的内容。我国高等教育的教材主要包括自编教材、引进教材以及相关学术资料。其中，引进教材又包括引进兄弟院校教材、学者专著以及国外教材。无论是上述三者教材中的哪一种，都是国际化教材的重要组成部分，且近些年来在教材编纂与使用上，与国际学科发展动向更加紧密贴合了。

（4）推进我国学术课中关于国际普遍关注问题的研究。尽管近些年来，我国在环境科学、航天科学、能源科学、宇宙科学、生命科学等方面取得了令世界瞩目的成果，但在这些课题相关的学科整体建设和科研整体实力方面与发达国家仍然存在差距。

(5) 注重地区研究。不仅可以推动学术发展，而且可以使学生意识到国家间的相互联系、所存在的共性与差异。

(6) 建立校际联系，互相访问学习，吸收课程开设经验。

(二) 国外高等教育课程国际化的举措

1. 美国的区域研究中心

在高等教育不断发展的过程中，美国的高等教育课程国际化也随之不断扩展，课程体系不断地被更新、完善。尤其是“二战”以后，知识的国际竞争日益激烈，美国高等院校围绕着“国际理解”的理念，对课程设置进行重大调整，不断地增加国际性的科目，拓展课程的国家内容。各种区域研究中心为美国高校提供了大量的外语与国际、区域研究课程。其中最为著名的是印第安纳大学，它以自己拥有的 12 个国际化全方位训练中心享誉盛名。许多中心被联邦政府命名为“区域研究中心”（见表 1 - 4），而且每个中心都汇聚了世界各地的著名学者对其作研究指导。国际训练中心的课程主要针对在校生和毕业生，课程的内容是全球性的，主要涉及人类学、社会科学等课程。此外，国际中心还主要用于外语培训，每年有 40 到 50 种语言课程在中心开设。印第安纳大学的这种课程国际化维度既扩大了美国学生了解外部世界的视野，也丰富了美国高等教育的内容，为本校以及校外师生的国际交流做出了很大贡献。①

2. 英国的欧洲维度

英国教育家普遍认为开设具有国际视野的课程是课程国际化的重要内容。因此，在英国的大学课程设置中引入“欧洲维度”，以帮助学生了解世界信息并提高他们的国际竞争力。

所谓“欧洲维度”，旨在通过教育改革促进欧洲一体化进程。除此之外，通过欧洲各国的合作以及加强与世界各国的交流与合作，使得欧洲各国之间相互交融，推进其文化的传播与发展。在课程设置上，突出欧洲文

---

① “Promising practices”, *Spotlighting Excellent in Comprehensive Internationalization.* (http: //www. ace - net. edu//AM/template. cfm? Section = Home)

化认同，加强学生欧洲身份的认同感与自豪感，培养学生未来参与国际竞争与合作的能力，使他们更加了解欧洲，更加了解世界。英国几乎在国内所有类型和层次的高校里都引入这一概念，以此来指导课程与教学的改革。

表 1 – 4　　印第安纳大学的区域研究中心

印第安纳大学国际研究中心	创办时间（年）
东欧和俄国研究所	1958
加勒比海和拉丁美洲研究中心	1963
乌拉尔民族和中亚资源中心	1963
非洲研究计划	1965
犹太研究计划	1972
波兰研究计划	1976
西欧研究	1978
东亚研究计划	1979
中东研究计划	1980
全球发展研究中心	1980
国际商业教育和研究中心	1989
印度研究计划	1992
当代国际资源中心	1996

3. 德国的课程国际化推进举措

德国在教育国际化过程中一直是积极进取、严谨有条的，对于课程国际化的推进亦是深入细致，主要体现在以下几个方面：

（1）课程观念方面，为增强德国高等教育体制的适应性和吸引力，1996 年和 1997 年，联邦总理和各州州长发表了“加强德国课程国际竞争力之联合宣言”，主张以积极的态度应对时代的发展变化，注重课程的实用性，提升德国高等教育的国际竞争力。

（2）课程设置方面，以面向国际为宗旨，学士、硕士两个阶段的课程领域涉及经济学、科学、工程、文化和社会科学领域，且这些课程的教学仍然沿用两种及以上语言进行。此外，德国高校及机构为本国学生在国外学习提供服务和指导，以促进本国学生参与国际化学习。同时，许多高校还设置了一些新专业，并且新增的专业数量呈逐年递增趋势。

(3) 课程实施方面，德国的课程实施与国际接轨。参与欧洲大学联盟的教育研究项目，调整课程结构，旨在强化学生的学习能力，课程教学从“以教师为中心”向“以学生为中心”转变。此外，德国高校对于课程的实施建立了一套完整的监测和保障体系：对教学条件、教学内容、教师课堂情况进行教学评估，对学生学习结果进行监督和检测，确保不同层次的学习项目能够尽可能充分进行，完成课程任务。德国对于学生学习结果的重视使其对教学方式提出了新的要求，从而对教师自身职业素养也提出了更高的要求，为此，德国实施了以咨询和继续教育为主要形式的大学教师发展计划，帮助教师适应这种新的教学方式。

(4) 课程管理方面，德国建立了国际通用的课程管理制度，采取了与国际兼容的学士、硕士学位体系，学分互换与积累制度、学位相互承认制度等。此外，20 世纪 90 年代末以后，德国逐渐改变过去由各州负责高等教育课程的管理模式，赋予各个高校对教学的内容、教学的方法等灵活处理的权利。

第五节　高等教育科研国际化

科学研究一定需要不同思想的相互碰撞，如果都是一个思路就不可能进步。科学研究国际化是高等教育国际化的重要组成部分。加强多种形式的国际科技合作，能够最大限度地利用国际科学资源、国际科技和财力资源，建设国际化科研基地。

一　科研国际化的基本途径

（一）发表国际学术论文

2012 年我国作为第一作者共计发表 16.47 万篇论文，比 2011 年增加 14.6%，占世界总数的 10.3%。2003 年至 2013 年 9 月 1 日，我国科技人员共发表国际论文 114.30 万篇，位居世界第二。且科技论文共被引用 70988 万次，排在世界第五位，提前完成了《国家“十二五”科学和技术发展规划》中规定的到 2015 年“国际科技论文被引用次数进入世界前 5

位”的目标。我国平均每篇论文被引用6.92次，世界平均值为10.69次/篇。[①] 我国平均每篇论文被引用次数虽与世界平均值还有不小的差距，但提升速度相对较快。

除了科研人员参与发表国际学术论文以外，高校学生在国际学科竞赛获奖以及在国际一流学术杂志上发表的学术论文也是检验各大学国际化办学成果，体现人才培养国际化水平的一项指标。以华南理工大学为例，其在2010年共有15人先后在国际顶级期刊或国际会议上发表论文共10篇，这些国际顶级期刊和国际会议包括《科学》（*Science*）、美国SCI刊物以及IEEE国际会议。[②]

（二）召开学术会议

国际学术会议是涉及面广、信息量大的短期学术交流形式。其对于科研国际化的益处：一是缩短了学术交流周期，加快了学术走向世界的步伐；二是可以让各国学者探讨交流，集思广益，共同研讨和克服科研难题，有力地推动了国际性科研和本国学术不断向前发展；三是业界同行可以借此认识彼此、增进了解，为日后的交流与合作建立长久的联系。改革开放前，更多的是我国学者出国参加国际学术会议，国外学者尤其是发达国家的业界科研人员对我国的科研情况并不了解，且没有形成广泛的认同。近些年来，随着我国国际影响力的巨大提升以及学术水平的不断提高，以我国为东道主召集举办的国际学术会议日益频繁和增多，我国科研领域取得的成就在世界范围内受到瞩目和广泛认可。例如，2005年郑州大学共召集6次国际学术会议，且均具有一定规模，60人以上会议4次，其中2次均达百人以上。不仅在参会规模上有所扩大，会议规格与学者层次上也有很大提升。这些会议均邀请国际顶尖级大师和享誉国际的知名学者参加，不仅带动了会议整体的学术层次，对会议的国际影响力也发挥了巨大的作用。

（三）开展国际学术交流与合作研究

随着国际学术交流的广泛深入开展，国际学术交流与合作的途径日益

---

① 《2013年度中国科技论文统计结果》，中国科学技术信息研究所，2013年。

② 吴凡：《我国“985”工程高校本科教育教学国际化研究》，《高等理科教育》2013年第5期。

在各国间得到认可和普及，未来还会有更新形式的交流方式。目前常有的几种途径主要有：一是相关学术机构和组织间进行的学术交流与合作。例如东亚研究型大学协会近年来就加强了与北京大学和东京大学间的教育与学术交流；环太平洋大学联盟也是推动各国高校间展开学术交流的重要组织者。日本政府则通过日本国际合作机构派遣专家前往发展中国家进行学术交流与合作。二是本国与他国校际通过学者互访、讲座或共同规划和开展项目研究等方式进行合作研究和科研开发。以辽宁大学为例，进入21世纪，该校加大了校际合作科研的步伐，到2011年先后有72位学者赴国外合作院校参与合作研究。三是借助国际学术会议展开交流与合作，互相借鉴，增进了解，共同研讨学科难题，召开具有影响力的学术会议。

二 我国高等教育科研国际化的现状及对策

（一）高校科研工作所面临的问题

我国高校科研工作在国家的大力倡导和支持下取得了长足的进步，在国际学术界占有举足轻重的地位，但在整体发展上与世界一流大学还存在一定差距。目前高校科研工作面临的问题主要有以下几个方面：

第一，科技投入经费与发达国家相比仍有差距。直到21世纪初，我国产业界对科技的资金投入与国外相比，差距不可企及。且学校的科研经费来源主要在政府，企业与学校共建的创新性研究仍然偏少。《2013年全国科技经费投入公报》显示，2013年全国共投入R&D经费11846.6亿元，比上年增长1548.2亿元，增长15%。尽管这一数据表明了我国在科技实力方面已经有质的飞跃，但与发达国家相比，仍有相当差距。以美国为例，2014年美国资助研发1230亿美元，研发投资额度达4650亿美元。

第二，缺乏科研国际化的土壤。首先，优秀的科研团队和拔尖学术带头人仍然是我国科研工作急需的，尤其是缺乏与国际接轨、敏锐把握学术方向、组织大的研究团队的领军型人才。其次，科研整体水平有待继续提高。研究水平的高低决定着我们在科研领域内的地位和作用。科研水平的欠发达主要表现在这几方面：学科研究分布不均匀，高尖端领域所取得的成就占据数额仍然不足，整体发展不均匀；其他领域受到诸多因素影响，或是仅限于本民族文化，或是与世界他国文化趋同的领域起步晚而没有形成整体气候，都未在全球范围得到广泛认同；科技论文数量多，但在世界有影响力的不多；科研整体水平尚不能与世界发达国家比肩，竞争力不强。再次，国内学者缺乏精良的科研平台。较为优越的科研设备和科研环境是吸引高端人才的必备条件。尽管我国政府一直以来都非常重视改善科研条件，投入资金逐年增加，但是就全国高校整体而言，这些重要支撑条件的建设仍旧参差不齐。此外，我国的科研运行机制一直处于探索之中，尚未形成一套完全成熟的运行模式。许多高校的科研工作，除了受到国家部门条块分割和校内管理体制的局限，科研的管理和保障方面还处在边摸索边改革的阶段。

（二）提高科研水平和国际竞争力的手段

1. 科研信息的国际化

（1）科研信息的“输入”。在科研信息全球化的时代，世界范围内有价值的文献、馆藏资料和电子文件等信息资源通过多种平台实现共享，为我们紧跟和引进世界前沿研究，提供了强有力的保障。与此同时，校际交流与合作的日益紧密，课题申报的日益公开透明，亦为各高校之间以及学校内部课题资源共享与科研的深化，起到了巨大的推动作用。

（2）科研信息的“输出”。随着全球性科研成果的交流与共享，我国可以通过国际学术交流会，国家间的访问，国际项目合作以及鼓励科研人员在外文杂志上发表文章来加强信息“输出”；在学校、院系、研究机构以及研究人员等建立的网站上等，快速高效地向世界传递我们的科研信息，从而增进我们了解世界的能力和拓展世界了解我们的渠道。

2. 科研人才“输出”与“输入”模式上的国际化

在科研人才的“输入”上，我国对国外优秀人才通过短期讲学、顾问教授、调进工作或共同参与学术规划与合作，借鉴学习，发展自我。今后，还需制定更为合理的学科建设与发展规划，提供更具吸引力的项目研发平台，为我国人才引进创造更为有利的条件。与此同时，规划适合国际竞争的人才培养方案，派遣本国人才走出国门，积极学习国外科研的优秀成果和模式方法，早日融入世界高水平的研究队伍，与世界科研接轨。

近些年来，我国政府在加强高层次国际合作方面进行了多方面的尝试，采取了多种有效的措施，加之有各高校积极参与，所以我国科研发展取得了长足的进步。但在培养科研人才的道路上依旧任重而道远。首先，需要更为积极、广泛地参与全球性、区域性的国际研究计划。其次，有计划地派遣研究人员出国深造、进修或做访问学者；积极创造条件使我国科研人员参与国外高水平国际学术组织举办的重要活动；通过项目科技合作，与国外研究快速沟通与接轨；推介有一定知名度的学者进入和参与国际学术组织，参与学术交流；积极推进共建国际合作研究中心，鼓励和大力推动民间国际科技合作，贮备高质量研究人才。

3. 研究水平与科研管理的国际化

就研究水平与国际接轨而言，首先，必须加强基础研究，多出原创性研究成果。其次，与世界研究团队和研究基地建立合作或共建。而做到这两点，又必须依托国家所倡导的建立世界一流大学的使命。只有努力建设世界一流大学，才能真正建立与世界同轨的科研理念，才能在研究设施、师资力量、人文素养、学术声誉上营造对科研走向世界更为有利的科研环境。

科研管理是科研水平提高乃至科研国际化的重要保证。目前，我国科研管理工作仍需要多方面的努力：其一，科研过程的监督与管理。从选题、立项、实验数据的记录到申请专利、成果转化以及外界对研究成果的评价等，资料必须齐全翔实。其二，加强研究人员的管理。对于研究人员的资质、水平，以及口碑、治学、人品进行考察，才能保证科研任务的完成和科研成果的深化，且使科研发展处在良性竞争的环境之下。其三，建立健全科研的自组织机制和外构机制。随着研究的多学科交叉的日渐增多，必须有良好的科研组织机制。学校要通过体制改革，优化科研的组织能力。学术带头人或项目负责人要能依据科研实际需要在校内外自由组织和招聘人员；学校管理部门要能集合校内外多学科的高层次人才。其四，建立健全良好的科研促进机制，包括学术竞争机制、奖励机制和管理体制。

第二章　高等教育国际化政策研究

高等教育国际化是高等教育目前发展的趋势。经济的全球化、一体化和联系性逐渐紧密，在此背景下，教育也迎来了国际化发展的挑战和机遇。高等教育不再是一国独立面对的话题，教育国际化上升为许多国家教育发展的重要战略。教育学者 Philip Altbach 认为，“一个国家、一个系统、一所大学对全球化的政策回应”① 就是“教育国际化”。在教育国际化发展的过程中充斥着各种问题和争论，国际化的政策就构成了教育国际化的重要前提和制度保证。

第一节　高等教育国际化政策概述

一　高等教育国际化政策的概念界定

（一）教育政策

我国教育理论界将教育政策界定为“党和政府在一定历史时期为教育工作制定的基本要求和行动准则”②。具体来说，就是指国家出台的各类法律、规定、条例、方针、规划、纲要、实施细则等。也有学者从教育政策的本质着手，提出教育政策的本质是“对不同主体的教育利益进行调整和分配，任何教育政策都体现了作为政策主体的国家或政府的权力意

---

① 周南照：《教育国际化的若干国家政策比较和世界态势反思》，《世界教育信息》2013 年 2 月。

② 张焕庭：《教育辞典》，江苏教育出版社 1998 年版，第 763 页。

志，按照国家意志来分配教育利益”[①]。

（二）高等教育国际化政策

1. 基本概念

当前学术界对高等教育国际化政策做出以下界定：“一国为实现一定历史时间在高等教育国际化领域内的任务和目标而制定的行动依据和准则，以指导和协调本国高等教育国际化的各项活动。”[②] 随着各国在教育交流方面的合作日趋深入，除了国家政府外，超国家政府的机构和组织也在教育国际化中扮演了重要角色。因此，结合前人的研究成果，笔者认为，高等教育国际化政策是一国政府及超国家政府组织对教育国际化框架下涉及的各方面活动制定的行动准则和依据。

2. 突出特性

高等教育国际化政策属于政策范畴，因此也具备政策的主要属性，即社会性、价值取向性、实践性和约束力。

高等教育国际化政策的社会性，指它是面向社会的，着力解决各种各类涉及国际化发展的问题。具体来说，第一，高等教育国际化政策主体是社会组织，包括政党、政府、各类教育机构、社会团体等。第二，高等教育国际化政策涉及高等教育国际化的每一个领域以及国际化发展的各个阶段。第三，高等教育国际化政策的目标是要去规范国际化发展中的主体行为，同时保持社会各环节有据可依、有序运行。

高等教育国际化政策的价值取向性，是指它是在一定的价值观指导下进行的，政策的目标、所指出的行动方向都与其价值取向保持一致。高等教育国际化政策导向受到各国政治制约，为各国政治服务，体现政策制定者的价值观体系和利益需要。

高等教育国际化政策的实践性，是指它具有直接现实性，国际化的政策能直接运用到实践中，并发挥其规范主体行为从而保证发展方向的作用。高等教育的国际化本身就是一个动态发展的过程，同时，高等教育国际化政策可以根据实际出现的新问题及时进行调整、补充，继而发展、完善。

---

① 刘复兴：《教育政策的四重视角》，《清华大学教育研究》2001 年第 4 期，第 16 页。

② 赵希：《湖南高等教育国际化政策研究》，硕士学位论文，湖南大学，2009 年。

高等教育国际化政策的约束力，是指对受众行为进行的指导和规范，以满足政策制定的利益需要。高等教育国际化活动不是随意的、无组织的行为。高等教育国际化政策的制定就是用于规范这些行为，确保其有据可依，继而自上而下逐渐形成相对统一的指导性行为准则。

二 高等教育国际化政策的理论框架

高等教育国际化的内涵，包含教育理念国际化、师资国际化、生源国际化、教学国际化和科研国际化（见第一章），它以不同层次、多种形式的国际交流和合作活动为载体来实现。高等教育国际化政策服务于这些国际化交流活动，为它们提供政策依据和行为准则。因此，笔者依据高等教育国际化的活动内容，对高等教育国际化政策进行分类，尝试构建当前高等教育国际化政策的理论框架。

高等教育国际化的活动，从狭义上看，主要指人员流动。随着经济全球化的发展，国际化活动内容日益深入到课程合作、机构建设、学术交流等多个方面。根据高等教育国际化活动的不同层次，我们从输出和输入两个维度出发，将与高等教育国际化有关的政策概括如下：

表 2－1　　　　高等教育国际化的政策

活动维度	教师	对应政策	学生	对应政策	教学	对应政策
输出	海外交流	1. 海外交流管理政策 2. 海外交流资助政策	本国学生“出口”	1. 留学管理政策 2. 留学资助政策	境外办学	1. 质量监控政策
输入	人才引进	1. 海外归国政策 2. 海外人才引进政策 3. 海外人才保障机制	留学生“进口”	1. 招生政策 2. 奖学金政策 3. 移民签证优惠政策 4. 学位管理政策	优势资源引入	1. 办学准入政策 2. 质量监控政策

（一）输出维度

1. 教师输出

在国际化过程中，教师输出主要以海外交流为主要形式，包括出国访问、学习进修、学术交流以及海外工作四种主要类型。在此基础上，其对应的政策主要涉及教师海外交流的资助政策和管理政策。包括交流项目的选拔规定、人事管理规定、教师交流资助的细则等。

2. 学生输出

主要指本国学生“出口”海外学习，从资金来源上可分为公费留学和自费留学两类。与本国学生“出口”相对应的政策主要涉及留学管理政策和留学资助政策（公费留学）。

3. 机构输出

主要指将本国教育机构输出海外，包括境外合作办学或境外开办分校两种主要类型，其中涉及课程的输出、教学管理的输出、教材甚至师资力量的输出等。与境外办学相对应的就是教学质量监控政策。

（二）输入维度

1. 教师输入

高等教育师资国际化中，教师输入主要是指海外优秀人才（海归人才以及海外人才）引入，包括聘请海外学者专家讲学、开展学术交流和科学研究等。这一层面对应的政策主要涉及海归归国政策、海外人才引进政策、海外人才保障机制等方面（如特殊人才计划、外籍人士居留权计划、技术移民计划、国外人才居住计划等）。

2. 学生输入

主要指海外学生的“进口”。与留学生的“进口”相对应的政策主要涉及留学生的招生政策、学位学历管理政策、奖学金政策和移民签证优惠政策等。

3. 机构输入

主要指将海外教育机构引入本国，包括引进境外合作办学项目，引入境外学校开办分校两种主要类型。涉及课程的输入、教学管理的输入、教材甚至师资力量的输入等。相对应的政策包括办学准入政策和教学质量监控政策等。

三 高等教育国际化政策的主体

在全球一体化的背景下，随着国际化程度的日益增强，高等教育国际化政策除了涉及各国自身在国际化领域开展的活动外，同时涉及国与国间的交流、合作与竞争。因此从全球范围看，高等教育国际化政策的主体包括两方面：首当其冲的是国家政府，然后是超国家政府组织。二者在国际化进程中发挥的作用又各有偏重。国家政府借助制度力量，通过直接制定政策，采取行政手段，推动高等教育国际化的深入；超国家政府组织则通过发挥其在区域合作和交流中的优势，促进政府间的对话与协商，发挥非政府组织的力量，推进国际化公约准则的确立。

（一）国家政府

教育的附加价值不仅体现在产业化发展带来的经济价值，同样也体现在对于社会进步、政治安全的重要意义。国际化为高等教育发展提供新的动力和空间，在很多国家已超越教育政策层面，而被上升到影响经济利益、国家安全的战略高度。高等教育国际化政策旨在解决教育国际化领域出现的问题，规范教育国际化行为，体现着一国在国际化过程中的价值倾向和利益需求；同时借助国家政府的权威，才能保证政策自上而下地贯彻执行，政策的约束力和导向性才能得以实现。因此，国家政府在高等教育国际化政策体系中占据主导地位，主要体现在以下几个方面：

1. 战略定位

许多国家将高等教育国际化视为经济社会发展的新增长点，上升为关系国计民生的重要战略。美国是世界上教育国际化程度最高的国家，这一点在早期联邦政府的政策方向中可窥一斑——“制定稳定且有效的政策来发展全球性的研究和学习，使人意识到提高美国国际化能力和培养未来世界领导人的必要性”①。《美国2000年教育目标法》中提出了明确的培养目标，“要通过国际交流，努力提高学生的‘全球意识’、‘国际化观

---

① 张良平译：《大力加强国际化教育，提高学生参与国际竞争的能力》，清华大学国际合作与交流处网页（http：//exchanges. state. gov）。

念'"[①]。同年发布的《高等教育国际化的备忘录》强调国际化战略对美国的重要意义——实现"继续在全球经济中进行成功的竞争以及维持我们作为世界领袖的作用"。2012 年 11 月，联邦教育提出了它历史上第一个国际教育战略，"加强美国教育""推进国际优先重点"。同为教育强国的英国，21 世纪以来出台了《首相国际教育战略》，在经济增速明显减缓的情况下，将国际化教育的发展提升到国家战略高度，之后制定并实施了《首相国际教育五年计划》，将国际教育的发展目标精确化，使英国继续成为"国际教育市场领袖"。

2. 法律保障

美国也是通过联邦政府法律和国会拨款资助教育国际化最早的国家。美国早期的《国际教育法》将外语教学和地区研究纳入国家安全政策，为大学开展国际问题研究提供直接资助；《国际教育法》旨在增强美国进行国际教育合作的能力，强调政府在实施与管理国际教育中的责任。除了从宏观上为国际化发展提供政策支持外，各国还通过立法规范高等教育国际化的行为，确保教育服务水平，规避国际交流合作的风险。2000 年澳大利亚通过了《海外学生教育服务法》等政策法规，为外国留学生的在澳学习提供全方位的服务与保障，一度被称为世界上"最严格的消费者保障机制"[②]。

3. 资金支持

人员流动、学术科研交流是教育国际化的主要活动内容，在推动本国高等教育国际化的进程中，很多国家都推出了资助项目以鼓励国际交流与合作。最著名的是 1946 年成立的"福布莱特计划"，它是美国政府资助的国际教育交流计划，旨在通过教育、人员交流、知识和技术交换来增进国际理解，它为学生、学者及专业人士提供在海外学习交流的资金，迄今已有超过 29.4 万的学者、教育者、研究生和专业人士参与项目。

4. 质量监控

质量监控是政府对高等教育国际化"软件"管理调控的关键手段。英国的教育国际化较早，配套相对完备，国际化内容涉及留学生教育、境

---

① 刘军明：《发达国家高等教育国际化政策的发展》，硕士学位论文，复旦大学，2008 年。

② 周南照：《教育国际化的若干国家政策比较和世界态势反思》，《世界教育信息》2013 年 2 月。

外办学等，英国也因此成了国际化教育的品牌象征。《高等教育境外合作办学实施准则》是由英国高等教育委员会颁发的用于规范境外办学的法规，其中就对境外办学的入学资格和课程设置进行了严格的规定。澳大利亚也是留学生“进口”的主要目的国，其国际教育作为一种品牌为全球所认可，是源于澳政府对服务质量一贯的严格管控。澳大利亚非常重视教育市场的规范化，2003 年通过颁布《高等教育支持法案》，从法律层面上确立了完备的质量保障体制，具体包括澳大利亚学历资格框架、澳大利亚质量保障署、毕业生就业调查、课程评估表。[①]

5. 优惠政策

在美国、英国、澳大利亚等国，高等教育已成为一种服务产业，为国家发展提供了新的增长点。为了加大吸引留学生力度，扩大留学生市场，各国在移民签证、就业机会、奖学金、保险等多方面实施优惠政策。欧洲多国都在海外增设了签证申请中心，简化签证手续。英国更是通过英国文化协会（英国大使馆文化教育处 British Council），在世界超过 100 个国家推广其教育资源，促进文化交流，以此推广英国教育项目，吸引海外学生到英国学习。此外，面向留学生的奖学金政策也是各国用于吸引留学生的常见手段，以政府奖学金、学术团体奖学金、高校奖学金等形式为主。各国也通过其他方式吸引海外人才，比如英国的“海外研究生奖励计划”、美国的“美国竞争力计划”，都提出要为海外优秀人才创造良好的环境，提供多项优惠条件。

（二）超国家政府组织

在高等教育国际化发展过程中，除国家政府对本国国际化活动做出的具体规定外，政府之间或超国家组织也通过促成对话协商，参与到推动高等教育国际化的进程中。

20 世纪 90 年代以来，联合国教科文组织（UNESCO）、经济合作与发展组织（OECD）、欧盟（EU）等超国家政府组织相继颁布了一系列的政策及准则，以规范和指导各成员国间的高等教育国际化交流活动。

1997 年，联合国教科文组织与欧洲委员会（COE）联合颁布了《里斯本公约》（即《欧洲地区高等教育资格承认公约》）；2001 年，联合国

---

① 李盛兵：《跨国高等教育人才培养模式研究》，人民教育出版社 2010 年版，第 41 页。

教科文组织和欧洲委员会制订了《关于提供优秀跨国教育的实施准则》；2005年，联合国教科文组织和经济合作与发展组织联合颁布《保障跨境高等教育办学质量的指导方针》；2006年，联合国教科文组织和亚太地区质量保障网络组织共同制订《关于规范跨境高等教育质量保障的信息包》①。对高等教育国际化影响重大的国际政策还有《联合国教科文组织高等教育学历学位互认协定框架》。该框架囊括了《拉丁美洲和加勒比地区公约》（1975）、《阿拉伯国家地区公约》（1978）、《欧洲地区公约》（1979）、《非洲地区公约》（1981）、《亚洲和太平洋地区公约》（1983）以及《地中海国际公约》（1976）、《关于评定外国资格的标准和程序的建议》（Recommendation on the Criteria and Procedures for the Assessment of Foreign Qualifications）等。

除了公约准则的颁布外，超国家政府组织还通过推进国际交流项目，推动高等教育的跨境流动，如欧盟自1987年开始实施“伊拉斯谟斯计划”（Erasmus），通过大规模资助的方式，鼓励教师和学生在不同学校间进行跨国流动，1994年在此基础上提出了一揽子教育行动计划“苏格拉底计划”（Socrates）。受欧盟“伊拉斯谟斯计划”影响，为促进亚太地区的留学交流，亚洲太平洋合作组织于1993年创立了“亚太大学交流机构”②，大大减少了亚太地区教师与学生流动中的障碍，加速了亚太各国国际化教育发展的步伐。

四　高等教育国际化政策发展的影响因素

经济合作与发展组织（OECD）对当前高等教育国际化政策进行归纳，提出国际化政策的四个主要导向：“以增进相互理解为导向：以技术移民为导向、以创收为导向、以能力建设为导向”③。这四个导向反映了一国在制定高等教育国际化政策时的价值取向。学者简·奈特（Jane Knight，2004）将国际化政策的影响因素概括为四个方面，见表2-2。

① 张民选、李亚东等：《中外合作办学认证体系的构建与运作》，高等教育出版社2010年版，第34页。

② 张进清：《跨境高等教育研究》，博士学位论文，西南大学，2012年。

③ OECD编，清华大学教育研究所译：《教育政策分析2005—2006》，教育科学出版社2008年版，第51页。

表 2 - 2　　　　高等教育国际化政策的影响因素

因素	目的
社会/文化	国家文化的认同，跨文化的理解，公民的发展，社会的发展
政治	对外政策，国家安全，技术援助，国家认同，地区认同
经济	经济增长和竞争的劳动力市场，财政的刺激
学术	教学和科研的国际维度，学术事业的扩展，学校的建设，学校的名声和地位，提高质量，国际的学术标准

很多学者认为，政治因素依然是影响高等教育国际化政策发展的第一因素。时任教育部副部长的郝平在评价国际教育形势时讲到，“加强教育国际交流已成为各国外交战略和经济发展的重要组成部分，是公共外交、人文外交的重要内容”，“教育国际交流是美国实现‘巧实力外交’的重要组成部分。”① 杨启光提出，许多发达国家推行高等教育国际化，都体现了非常明显的政治目的，其中美国的高等教育国际化政策尤其突出了国家政治安全的利益。

三个时间点可以展现美国在不同时代背景下国际化政策的变化。一个是 1946 年，美国制定了“富布赖特计划”，美国无偿向欧洲和第三世界国家提供技术援助，免费招收留学生。其时代背景是“二战”后美国要扩大其在世界范围的影响力，巩固世界霸主地位。② 第二个是 2000 年，克林顿总统发布的《高等教育国际化的备忘录》明确了美国要维持世界领袖的目标，通过全球化培养亲美的社会精英，这是基于彼时世界范围内新的经济政治体的崛起制定的目标。第三个是“9·11”事件之后，五角大楼被袭给美国及美国人民带来了重创，出于国家安全考虑，美国政府加强留学签证的审查力度，收紧留学生政策。从这些举措中不难看到，每一项高等教育国际化政策出台的背后，都有美国政府政治利益的博弈和考量。

除去政治因素，经济利益的驱动也是影响传统教育强国大力发展国际教育的重要动因。教育国际化是国民经济的新增长点，潜在的广阔的教育

① 郝平：《推进教育对外开放提高教育国际化水平》，《行政管理改革》2011 年 2 月。

② 杨启光：《当代不同国家高等教育国际化政策发展模式》，《现代大学教育》2008 年 9 月。

市场，使越来越多的国家意识到教育的附加价值所在，即教育作为第三产业中重要的组成部分，不仅是一种公共服务资源，同时也具有创造商业价值的可能。且与其他产业不同，教育经济的风险更低，在国际经济纷繁复杂的变化中受影响较小。

在欧洲，英国最早看到了高等教育的经济价值，积极开辟海外教育市场，利用自己的教育资源优势，推动教育的出口，主动走出去。如前所述，它通过英国文化协会在全球范围推广教育项目，将教育作为产业来经营，是最早向留学生明确收费的欧洲国家。① 高等教育国际化为这些国家带来了巨大的经济利益。有数据显示，2004 年，仅学生流动就给英国带来了 400 亿美元的收入；无独有偶的是，同一年美国的国际学生也为美国经济创造了 110 亿美元的收入。2010 年，时任教育部副部长的郝平在报告中给出这样一组数据：澳大利亚的教育服务贸易收入每年达 140 亿澳元②；加拿大 2008 年仅留学生的留学费用就达到了 65 亿加元，留学生在加的其他开支还为政府创造了近 3 亿加元的税收等。③

占领学术高地、抢占人才资源，也是一些国家制定教育国际化政策时考虑的重要因素。一些发达国家将推行高等教育国际化作为培养和吸引世界优秀人力资源的重要手段。相对而言，发展中国家往往希望通过有导向性的教育国际化政策引入优质的教育资源，提升办学水平，实现国家整体经济实力的提高。比如在亚洲，马来西亚是教育国际化走在前列的国家之一，马来西亚具有多元化的文化背景，是各种语言、文化充分融合的地区。它在教育领域也较为开放包容，马来西亚政府允许并鼓励本国院校与国外大学采用联合培养模式，合作办学，学分、学位互认，实行“2 +1”或“3 +0”办学模式，学生既享受到了国际化的优质教育资源，又在国内完成国外大学的学业要求并拿到学位。1994 年马来西亚政府还通过法令允许外国大学在本国办分校。④

---

① 皮特·斯科特主编：《高等教育全球化：理论与政策》，周倩、高耀丽译，北京大学出版社 2009 年版。

② 郝平：《落实纲要继往开来，科学发展再谱新篇——在全国来华留学工作会议上的主题报告》，《世界教育信息》2010 年 11 月。

③ 郝平：《推进教育对外开放提高教育国际化水平》，《行政管理改革》2011 年 2 月。

④ 王剑波：《跨国高等教育与中外合作办学》，山东教育出版社 2005 年版，第 123—124 页。

全球化的发展同时也加深了各国在意识形态、文化理解上的交流和碰撞。特别是一些文化强国，文化作为“软实力”，是国家价值观输出，扩大世界影响的重要手段。教育国际化有助于加速各国文化的渗透和整合，促进国际理解，增进民族间的理解和宽容。英国文化协会、西班牙的塞万提斯学院，以及中国的孔子学院等都具有文化传播的重要功能。以塞万提斯学院为例，它是西班牙在1991年创办的非营利性官方机构，得名于西班牙名著《堂吉诃德》的作者塞万提斯，目前它在三十多个非西语国家设有机构，通过专业课程、音乐表演、文学交流、展览等多种形式推广西班牙和拉丁美洲的文化，旨在推动全世界的西班牙语教学，传播西班牙语文化。教育国际化一定程度上加快了文化传播和交流的步伐，在碰撞中促进相互理解，加强文化的交流和融合，对于经济、政治等活动都会产生积极的影响。

第二节　我国高等教育国际化政策

一　我国高等教育国际化政策的历史沿革

新中国成立之初，百废待兴，在教育领域，早期的高等教育国际化简单来说就是全面学习苏联。在当时的历史背景下，高等教育国际化的主要表现就是模仿苏联高等教育体系，引进苏联专家，派出留学生和学者等。这种高等教育的国际化交流建立在政治联结的基础上，对象单一、形式简单、交往深度有限。果然，随着中国与苏联关系的恶化，这一交流形态也中止了。严格意义上讲，我国的高等教育在相当一段时间内，基本处于“半封闭”状态，并非真正意义上的“国际化”。“文化大革命”的十年浩劫使中国高等教育遭到了重创：留学归国的学者、知识分子成为打击的对象，高等教育的国际化经历了停滞不前的十年。

1978年，党的十一届三中全会召开，中国高等教育全面恢复，高等教育的国际交流与合作也进入了一个新的发展阶段。1983年，在改革开放的初期，邓小平提出“教育要面向现代化、面向世界、面向未来”，正是“面向世界”这个理念，开启了我国高等教育国际化飞速发展的新纪元。

吴刚在《教育创新的目标选择》中指出："'面向世界'，不仅仅是指汲取世界各国先进的科学技术与文化知识，借鉴世界教育发展和管理的成功经验；同时也是将中国教育改革的方向放入世界教育体系来进行考虑，在与世界各国教育系统的互动中探索和拓展具有中国特色的教育体系。"① 这一举措为高等教育的发展指明了方向，也标志着教育国际化的思想在我国初步形成，中国高等教育正式走向国际化。

1985 年，中共中央在《关于教育体制改革的决定》中指出："要通过各种可能的途径，加强对外交流，使我们的教育事业建立在当代世界文明成果的基础之上。"这是"面向世界"这一政策实施的标志；1993 年颁布的《中国教育改革和发展纲要》中再次强调："进一步扩大教育对外开放，加强国际交流与合作，大胆吸收和借鉴世界各国发展和管理教育的成功经验"，这就是不断深化"面向世界"的国际化教育行为的体现。1995 年，《中华人民共和国教育法》正式颁布，将"教育对外交流与合作"写入了国家教育最高法律。1998 年，《中华人民共和国高等教育法》出台，再次就"高等教育事业的国际交流与合作"作出明确规定，从"意愿"到"法制"，中国教育的国际化真正和国际接轨，高等教育国际化发展进入法制轨道。

2001 年，我国加入世界贸易组织（WTO）。WTO"公平性或非歧视性原则"鼓励成员国到海外办学，允许国外教育机构（企业）在所在国颁发学位证书或学历证明，支持专业人才流动。减少移民限制，取消政府对教育市场的垄断，减少对本国教育机构的财政补贴等。② 这些条款对中国高等教育的国际化起到了很好的导向和约束作用，我国政府积极履行教育领域入世承诺，进一步放开市场，利用入世契机加强与其他各国在高等教育领域的合作与交流，同时化承诺内容为法规政策，颁布《中华人民共和国中外合作办学条例》等规范性文件，兑现 WTO 对减少教育贸易限制的要求，加快融入教育全球化发展的步伐。

① 吴刚：《教育创新的目标选择》，《教育研究》1999 年 3 月。

② 吴松等：《WTO 与中国教育发展》，北京理工大学出版社 2001 年版。

二 我国高等教育国际化政策梳理

改革开放以来，我国从在世界舞台初露头角到拥有重要一席，在国际化的发展道路上越走越实，教育国际化的程度日益提高，高等教育的国际交流与合作愈加广泛深入。相应的，高等教育国际化政策体系也在不断调整和完善。我们将从宏观教育政策、出国留学政策、来华留学生政策、留学人员归国以及引进海外人才政策、中外合作办学政策五个维度，对改革开放以来我国高等教育国际化政策的发展变迁进行梳理。

（一）宏观教育政策

《2003—2007 年教育振兴行动计划》提出“把扩大教育对外开放、加强国际合作与交流作为国家教育战略的关键环节”，提出要加强全方位、高层次的国际合作与交流。2010 年《国家中长期教育改革和发展规划纲要（2010—2020 年）》（简称《纲要》）发布，这是进入 21 世纪我国第一个教育规划纲要，是指导 10 年教育改革发展的纲领性文件。《纲要》中明确提出要“提高我国教育国际化水平”，也是从国家政策层面确立了高等教育发展的国际化目标。《纲要》从加强国际交流合作、引进优质教育资源、提高交流合作水平三个层次对教育国际化做出具体规定，涉及了包括培养国际化人才、吸引境外优质教育资源和人才资源、扩大学历学位互认及深入教学科研合作，推动海外办学、支持国际汉语教育、完善出国留学机制、扩大留学生规模、加强与国际组织及其他地区的教育交流与合作等多方面内容。

《国家教育事业发展第十二个五年计划》就是在全面实施《纲要》的背景下应运而生的。“十二五”时期是贯彻落实《纲要》的关键五年，这一计划为国家全面实现《纲要》提出的宏伟目标奠定了具有决定性意义的基础。与《国家教育事业发展第十一个五年计划》不同，这一计划中明确提出“实施教育对外开放战略”，“提高教育的国际化水平”。2014 年，我国《教育法律一揽子修订草案》出台，它是根据《纲要》要求对《中华人民共和国教育法》等一系列法律进行修订，提出在教育法第六十七条中增加规定，正式将“推进教育国际化、培养国际化人才”目标写入国家教育最高法律。

表2－3　　　　　　　　　　**我国高等教育国际化政策**

年份	政策文件	主要内容
1995	《中华人民共和国教育法》	关于“教育对外交流与合作”，在第六十七条中规定：“国家鼓励开展教育对外交流与合作。教育对外交流与合作坚持独立自主、平等互利、相互尊重的原则，不得违反中国法律，不得损害国家主权、安全和社会公共利益。”
1998	《中华人民共和国高等教育法》	第十二条规定：“国家鼓励和支持高等教育事业的国际交流与合作。”第三十六条规定：“高等学校按照国家有关规定，自主开展与境外高等学校之间的科学、技术、文化交流与合作。”
1999	国务院批转教育部《面向21世纪教育振兴行动计划》	对大学国际交流的多个方面提出要求，确立了大学进一步推进教育交流的方针政策
2004	国务院批转教育部《2003—2007年教育振兴行动计划》	将国际合作与交流作为国家教育战略的关键环节提出，要求推进教育国际合作与交流向全方位、多领域、高层次的方向发展
2010	《国家中长期教育改革和发展规划纲要（2010—2020年）》	第十六章第四十八条指出：“加强国际交流与合作，坚持以开放促改革、促发展。开展多层次、宽领域的教育交流与合作，提高我国教育国际化水平。”
2012	《国家教育事业发展第十二个五年规划》	该计划贯彻《纲要》要求，在第九条中提出“实施教育对外开放战略”，包括“开展多层次、宽领域的教育交流与合作，提高我国教育的国际影响力，提高服务国家对外开放能力”，争取到2015年，初步建成亚洲最大的留学目的地国和有影响的国际教育、培训中心
2014	《教育法律一揽子修订草案》	根据《纲要》关于推进教育国际化、培养国际化人才的要求，在教育法第六十七条中增加规定：“国家鼓励开展教育对外交流与合作，支持学校和其他教育机构引进优质教育资源，依法开展中外合作办学，开展国际教育服务，推进教育国际化，培养国际化人才。”

（二）出国留学政策

表 2－4　　我国的出国留学政策

<table>
<tr><th>年份</th><th>政策文件</th><th>主要内容</th></tr>
<tr><td>1978</td><td>《关于加大选派留学生的数量的报告》</td><td>确定了加大留学生派出规模的决策</td></tr>
<tr><td rowspan="2">1979</td><td>《出国留学人员管理教育工作的暂行规定》</td><td rowspan="2">对出国留学人员管理做出具体规定</td></tr>
<tr><td>《出国留学人员守则》</td></tr>
<tr><td rowspan="3">1981</td><td>《关于出国留学人员管理工作会议情况报告的通知》</td><td>明确力争多派、突出重点、统筹兼顾、保证质量的派出方针</td></tr>
<tr><td>《关于自费出国留学的暂行规定》</td><td rowspan="4">对自费出国留学的学生管理做出规定，严格限制自费出国申请，对申请材料、学历证明、政治审查要求等做出明确限制</td></tr>
<tr><td>《关于在校研究生自费出国留学问题的通知》</td></tr>
<tr><td rowspan="3">1982</td><td>《关于自费出国留学若干问题的决定》</td></tr>
<tr><td>《自费出国留学的规定》</td></tr>
<tr><td>《关于 1982 年试行选拔出国攻读博士学位研究生的通知》</td><td>探索逐步扩大博士生选拔和派出途径</td></tr>
<tr><td>1984</td><td>《关于自费出国留学的暂行规定》</td><td>放宽对自费留学限制</td></tr>
<tr><td rowspan="2">1986</td><td>《关于改进和加强出国留学人员工作若干问题的通知》</td><td>针对出国留学人员选派的问题作出政策调整，确定按需派遣、保证质量、学用一致的方针；增加进修人员和访问学者数量</td></tr>
<tr><td>《关于出国留学人员工作的若干暂行规定》</td><td>对公派留学相应内容做出具体规定</td></tr>
<tr><td>1989</td><td>《关于出国留学工作若干方针政策问题的请示》</td><td>国家公费计划仍保持现有留学人员经费总额，但要调整结构，精选精派，定人定向，力争保质保回</td></tr>
<tr><td>1990</td><td>《关于具有大学和大学以上学历人员自费出国留学的补充规定》</td><td>对自费出国留学政策做出补充，对服务期和偿还培养费做出进一步规定</td></tr>
<tr><td rowspan="2">1991</td><td>《关于改进国家公费出国留学人员选派工作的意见》</td><td>重申并规定了国家公费出国留学人员的选派原则、对象和申报、审批办法</td></tr>
<tr><td>《关于当前出国留学若干问题的请示》</td><td>提高对出国留学工作中“和平演变”的认识；实行归口管理，改变单位公派出国留学工作混乱状况</td></tr>
</table>

续表

年份	政策文件	主要内容
1993	《关于自费出国留学有关问题的通知》	取消原自费出国留学政策中的限制
1994	《关于留学工作中若干原则问题意见的请示》	公费派遣留学人员应密切结合对高层次人才的需求
	《关于〈中国教育改革和发展纲要〉的实施意见》	建立“国家留学基金管理委员会”
1995	《改革国家公费出国留学选派管理办法的方案》	确定“个人申请、平等竞争、专家评审、择优录取、签约派出、违约赔偿”的选派方针
1999	自费出国留学中介服务管理规定	加强对自费留学中介服务的管理，规定申办机构的条件，申请材料、业务范围等
2003	“国家优秀自费留学生奖学金”设立	奖励品学兼优的自费留学人员在学业上取得的优异成绩，鼓励自费留学人员回国工作和以多种形式为国服务
2007	《国家建设高水平公派研究生项目》	每年选派5000名研究生出国攻读博士学位或联合培养博士

结合金帷在《改革开放以来中国高等教育国际化政策的嬗变》、冯洁在《改革开放以来我国公派留学回国政策回顾与思考》中对出国留学政策的梳理，笔者将出国留学政策的发展分为四个阶段[①]：

第一阶段（1978—1985），初建期。确定了扩大派遣留学生规模的决策；不断完善留学生的选派政策，确定公派出国方针“积极主动、择优选拔、保证质量、广开渠道、力争多派、突出重点、统筹兼顾”；高度重视自费出国留学事务，频繁颁布并反复调整自费出国留学政策。

第二阶段（1986—1991），调整期。颁布《关于改进和加强出国留学人员工作若干问题的通知》和《关于出国留学人员工作的若干暂行规定》，对前一阶段工作进行总结，并全面阐述我国出国留学教育政策。之后的1989年“政治风波”对出国留学产生了冲击，中央调整了公派出国

① 金帷：《改革开放以来中国高等教育国际化政策的嬗变》，《中国人民大学教育学刊》2012年12月。

留学政策，采取“精选精派”的选派原则。

第三阶段（1992—20 世纪末），完善期。留学政策进入法制化、规范化。1994 年《关于留学工作中若干原则问题意见的请示》进一步明确这一时期留学工作目标，1994 年 7 月 11 日国务院印发《关于〈中国教育改革和发展纲要〉的实施意见》，要求建立国家留学基金管理委员会，使留学生的招生、选拔和管理工作走上法制化道路。1996 年国家留学基金委成立，确定了公派留学实行“个人申请、专家评审、平等竞争、择优录取、签约派出、违约赔偿”的选派方针，公派留学政策在法制化建设上迈进了一大步。①

第四阶段（21 世纪以来），重点突破期。留学政策重在打造精英，满足社会发展对高端人才的需求。2003 年 10 月，教育部设立“国家优秀自费留学生奖学金”，2007 年国务院批准设立《国家建设高水平公派研究生项目》，每年选派 5000 名研究生出国攻读博士学位或联合培养博士。该项目坚持“选派一流的学生，到国外一流的院校（专业），师从一流的导师”的“三个一流”原则。

（三）来华留学生政策

从表 2－5 可见，我国的留学生政策分两个阶段：

第一阶段（1978—1990），来华留学生政策初建期。这是政策从无到有、从封闭到开放的过程。这一阶段来华留学生政策内容包括三个方面：第一，明确对来华留学生教育的定位和工作方针；第二，开放高等院校并鼓励高校承担招收海外来华留学生的主要责任；第三，建章立制加强对来华留学生的管理、教育。1985 年《关于教育体制改革的决定》中明确提出，高校有权利用自筹资金开展国际交流，其中就包括举办来华留学生教育。教育部同时逐渐将来华留学生的接受权、教学权和管理权下放给高校，不断扩大高校在留学生管理中的自主权。

第二阶段（1990—2011），来华留学生政策完善期。在前期政策和制度建设的基础上，陆续颁布各项来华留学生教育管理政策，完善留学生教育制度。首先是留学生教育管理制度。2000 年颁布的《高等学校接受外国

---

① 冯洁、陈何芳：《改革开放以来我国公派留学回国政策回顾与思考》，《世界教育信息》2012 年 2 月。

表 2-5　我国的来华留学生政策

年份	政策文件	主要内容
1979	《外国留学生试行条例》	开始正式接受自费来华的外国留学生
	《关于外国留学生工作会议的报告》	建议建立面向留学生的学位制度，向留学生颁发学位证书
1980	《中华人民共和国学位条例》	对达到学业要求的外国留学生可授予相应学位
	《关于高等院校开办外国人来华短期中文学习班问题的通知》	积极推广面对外国留学生的短期中文学习班
1983	《中华人民共和国教育部为外国人举办短期学习班的有关规定》	
1985	《外国留学生管理办法》	针对外国留学生在华学习期间的管理问题作出规定
	《关于教育体制改革的决定》	高等院校“有权利用自筹资金，开展国际的教育和学术交流”
1987	《关于加强和改进外国来华留学生管理工作的通知》	对留学生违纪问题处理做出规定
1989	《关于招收自费外国来华留学生的有关规定》	进一步扩大接收来华留学生的高等院校的范围和高校开展留学生教育的自主权
1991	《关于普通高等院校授予来华留学生我国学位试行办法》	明确向外国留学生授予学位的具体要求，包括语言水平及学科成绩
2000	《高等院校接受外国留学生管理规定》	标志着留学生工作进入法制化阶段
	《关于实施中国政府奖学金年度评审制度的通知》	建立政府奖学金评审制度
	《中国政府奖学金年度评审办法》	
2001	《关于改革外国留学生学历证书管理办法的通知》	改革外国留学生学历证书的管理办法

留学生管理规定》是中国来华留学生教育进入法制化阶段的重要标志。2004 年《2003—2007 年教育振兴行动计划》确定了来华留学生教育工作的方针，即“扩大规模、提高层次、保证质量、规范管理”；其次是留学生的学位学历相关制度。1991 年国务院学位委员会颁布了《关于普通高等院校授予来华留学生我国学位试行办法》，提出了对留学生教育要“严格要求，保证质量”。2001 年发布《关于改革外国留学生学历证书管理办法的通知》，规定由国家留学基金管理委员会负责外国留学生高等教育学历证书的发放和电子注册工作；再次是留学生奖学金制度。2000 年发布《关于实施中国政府奖学金年度评审制度的通知》，提出了为来华留学生奖学金改革措施，增设多种奖学金，加大对留学生来华的吸引力度。

（四）留学人员归国政策及海外人才引进政策

除去国际化教育、留学等和教学相关的措施，吸引留学人员归国、引进海外人才，是我国人才国际化的重要体现。在我国高等教育的发展过程中，优秀人才的“输入”是推动我国教育事业发展的关键环节。

新中国成立初期，一大批留学海外的专家学者带着振兴中华、奉献祖国的一腔热情，毅然放弃国外的事业投身到社会主义新中国的建设中；然而，改革开放后国家派出人才去海外深造进修，却出现了大批留学人员滞留海外的现象。新中国成立初，由于我国与苏联政治上的紧密联系，相当长一段时间里，海外人才的交流仅限于苏联的专家来我国指导生产发展；然而，这种依靠政治上的联结而形成的人才交流是不稳定的，50 年代末中苏关系恶化，苏联专家悉数撤回，正值我国经历严重经济困难之时，对我国经济社会带来非常不利的影响。诸多历史经验和教训使得我国政府非常重视优秀留学人员的流失问题和海外人才资源缺乏的问题，将留学人员归国政策和引进海外人才政策作为非常重要的政策领域，并不断调整完善。

留学人员归国政策，呈现出了由“硬性要求”到“刚柔并济”转变的政策导向。

第一阶段（1978—80 年代末），早期我国对留学人员的管理政策是较为严格的，以限制性条款规定留学人员必须归国。1981 年《关于做好留学人员回国工作的通知》指出，“进修人员学习年限为 1—2 年，不得攻读学位，学习期满后，不得申请工作”。1986 年《关于改进和加强出国留学工作若干问题的通知》指出，“要建立公派出国留学人员与选派单位签订协议书的制度，明确出国留学人员与选派单位的责任、义务和权力”①，《协议书》的签订将回国要求提升到了法律的层面，以经济手段和法律手段约束出国留学人员。

第二阶段（80年代末至90年代初），我国对留学人员回国增加了很多优惠政策，比如为归国人员提供科研资助、表彰奖励等措施，原有的“惩罚性”政策开始松动，之前的限制性条款取而代之的是更多的优惠政策。1992年的《关于在外留学人员有关问题的通知》，明确了“支持留学、鼓励回国、来去自由”的出国留学政策。②

第三阶段（1996年至今），1996年国家留学基金委成立之后，留学人员的出国政策体系逐步完善，形成了“约束性政策”和“鼓励性政策”并举，公派留学“规范化”和“人本化”并行的政策特点。一方面，完善约束性回国政策，2007年的《国家公派出国留学研究生管理规定》中规定公派研究生需按期回国并至少完成两年服务期，否则将以“经济赔偿、法律追究、名誉处罚”三种手段予以处理。另一方面，着力推出鼓励性政策，吸引优秀留学人员和海外人才。其一是为公派留学人员提供事业和生活双重支持和保障。2001年《关于鼓励海外留学人员以多种形式为国服务的若干意见》是指导新一阶段留学人员归国工作的全面、系统的宏观指导性文件，对海外留学人员为国服务的形式和保障政策进行了综合归纳，之后一系列具体规定都围绕着这一中心展开。其二是实施以“海外高层次人才引进计划”（即“千人计划”）为核心的一系列海外人才引进项目。2008年，中共中央制定了引进海外高层次人才的“千人计划”，围绕国家发展战略目标，“引进并有重点地支持一批能够突破关键技术、发展高新产业、带动新兴学科的战略科学家和领军人才回国（来华）创新创业”③。

---

① 冯洁、陈何芳：《改革开放以来我国公派留学回国政策回顾与思考》，《世界教育信息》2012年2月。

② 金帷：《改革开放以来中国高等教育国际化政策的嬗变》，《中国人民大学教育学刊》2012年12月。

③ 潘晨光、娄伟：《改革开放以来我国留学事业的回顾与展望》，《社会科学管理与评论》2004年9月。

表 2－6　　　　留学人员归国及海外人才引进政策

年份	政策文件	主要内容
1981	《关于做好留学人员回国工作的通知》	对即将达到规定学习期限的出国进修人员做好回国动员和安置工作
	《关于出国留学生回国后的工资待遇问题的通知》	1966 年以后国家选赴国外高校留学的本、研学生毕业回国分配工作后的工资按国内同等学历毕业生的规定执行
1985	《关于争取留学博士毕业生早日回国工作的请示》	改革留学生毕业回国分配制度，在保证国家重点需要和学用一致原则下，允许用人单位和留学生本人相互选择
1986	《关于改进和加强出国留学人员工作若干问题的通知》	建立公派出国留学人员与选派单位签订协议书的制度
	《关于出国留学人员工作的若干暂行规定》	
1987	《关于签订〈出国留学协议书〉的通知》	
1992	《关于在外留学人员有关问题的通知》	阐释鼓励回国、来去自由政策的举措
1996	春晖计划	吸引高层次海外留学人才
1998	长江学者奖励计划	
2000	《关于组织开展国家留学人员创业园示范建设试点工作的通知》	引导全国留学人员创业园的发展，为留学人员归国创业创造良好的环境和条件
	《关于设立"春晖计划"海外留学人才学术休假回国工作项目的通知》	鼓励留学人员以多种形式回国服务
2001	《关于鼓励海外留学人员以多种形式为国服务的若干意见》	鼓励在海外学习和工作的留学人员以多种形式为祖国服务
2003	《国务院办公厅关于转发人事部教育部科技部等部门〈留学人员回国服务工作部际联席会议制度〉的通知》	加强各部门协调配合建立有效地吸引留学人员回国服务的工作机制
2005	《关于印发〈2002—2005 年全国人才队伍建设规划纲要〉的通知》	关于海外和留学人才的吸引和使用

续表

年份	政策文件	主要内容
2007	《国家公派出国留学研究生管理规定(试行)》	公派研究生应按期回国，并至少应在国内连续服务两年。如有违反，将经济赔偿、法律追究、名誉处罚三种处理手段并施
	《关于建立海外高层次留学人才回国服务绿色通道的意见》	为加大高层次留学人才引进工作开绿色通道
	《关于进一步加强引进海外优秀留学人才工作的若干意见》	搭建海外留学人才回国工作快速通道
2008	《中央人才工作协调小组关于实施海外高层次人才引进计划的意见》《引进海外高层次人才暂行办法》《关于为海外高层次人才提供相应工作条件的若干规定》《海外高层次引进人才享受特定生活待遇的若干规定》	完善高层次人才引进的体制建设，对人才引进后的事业和生活提供双重支持和保障
2009	《关于贯彻落实海外高层次人才引进工作，深入实施海智计划的指导意见》《教育部贯彻落实海外高层次人才引进计划工作方案》	将引进人才与培养人才相结合，全面提高高校人才队伍整体水平
2011	《留学人员回国工作"十二五"规划》	以"海外高层次人才引进计划"为核心，继续深入实施留学人员回国工作重点项目

与海外人才引进政策相配套的还有我国的移民签证政策。2004 年国务院批准发布《外国人在中国永久居留审批管理办法》，也就是"绿卡"制度，以吸纳外籍人才、使高层次人才扎根中国。"千人计划"的快速推进，使一批海外高层次人才不断注入我国现代化建设的人才队伍中。而随着海外高层次人才引进工作的深入，我国"绿卡"门槛过高、程序复杂、适用范围小、相关待遇不够明确等问题日益突出，对此，2012 年《外国人在中国永久居留享有相关待遇的办法》出台，主要解决外籍人才来华的工作生活保障问题。[①] 2014 年 6 月，中组部表示，有关部门正积极修改

① 《中国正式发布实施"绿卡"制度以吸纳外籍人才》，新浪网（http：//news. sina. com. cn/c/2004 - 08 - 20/10343445949s. shtml）。

“绿卡”审批管理办法，降低绿卡门槛，设置更加灵活务实的申请条件，加大吸引海外人才的力度。[①]

（五）中外合作办学政策

相对于其他高等教育国际化政策，我国的中外合作办学政策起步较晚，这源于中外合作办学本身作为一个新的事物兴起时，没有引起人们足够的重视。关于合作办学，最早的法律依据可追溯到1982年重新修订的《中华人民共和国宪法》，其中规定，“国家鼓励集体经济组织、国家企事业组织和其他社会力量仿照法律规定举办各种教育事业”。这就从办学主体上打破了政府办学的单一体制，为合作办学的开展奠定了宪法基础。[②]

我国中外合作办学政策的真正开始是在1993年，国家发布了《关于境外机构的个人来华合作办学问题的通知》。[③] 其中第一次对合作办学进行了界定，明确指出要有条件、有选择地引进和利用境外于我有益的管理经验、教育内容和资金；开展中外合作办学应坚持“积极慎重、以我为主、加强管理、依法办学”的原则等。1995年《中外合作办学暂行规定》颁布，确定了我国中外合作办学政策的基本框架。

中外合作办学政策发展的重大转折点是2001年中国加入世界贸易组织（WTO）。如前所述，我国在WTO－GATS对教育服务领域作出承诺，承诺在市场准入上允许中外合作办学，外方可获得多数拥有权。面对更加开放的市场、更加复杂的办学主体，《中外合作办学暂行规定》已经不能再适应新形势的要求，新的政策开始酝酿。2003年，《中华人民共和国中外合作办学条例》颁布实施。它是我国政府颁布的第一部关于中外合作办学的行政法规，对于中外合作办学具有里程碑的意义。2004年教育部发布了《中外合作办学条例实施办法》，对中外合作办学的具体内容作出规定。自此，我国中外合作办学真正进入了法制化轨道。

---

① 《中组部称中国绿卡门槛将降低》，新浪网（http：//finance. sina. com. cn/china/20140603/055919295109. shtml）。

② 易凌：《中外合作办学中面临的法律问题及解决途径》，《教育研究》2012年6月。

③ 张晓鹏：《大陆中外合作办学与香港非本地课程相关法规比较研究》，《中国教育政策评论》2006年10月。

表 2-7　　　　中外合作办学政策

<table>
<tr><th>年份</th><th>政策文件</th><th>主要内容</th></tr>
<tr><td>1993</td><td>《关于境外机构的个人来华合作办学问题的通知》</td><td>《通知》对中外合作办学的意义、原则、范围、类别等做出了明确规定。第一次对合作办学进行了界定，指出合作办学是指国内办学机构同境外机构和个人在中国境内合作建立教育机构，双方共同承担办学经费，共同参与学校的教学和管理</td></tr>
<tr><td>1995</td><td>《中外合作办学暂行规定》</td><td>对中外合作办学的意义、性质、必要性、审批标准以及程序、办学主体及领导体制等问题做出了具体规定，这一规定的制定构成了我国中外合作办学政策的基本框架</td></tr>
<tr><td>1996</td><td>《关于加强中外合作办学活动中学位授予管理的通知》</td><td>规范学位授予</td></tr>
<tr><td>2003</td><td>《中华人民共和国中外合作办学条例》</td><td>中国政府颁布的第一部关于中外合作办学的行政法规</td></tr>
<tr><td rowspan="4">2004</td><td>《中华人民共和国中外合作办学条例实施办法》</td><td>对“中外合作办学机构设立、活动及管理中的具体规范，以及举办实施学历教育和自学考试助学、文化补习、学前教育等的中外合作办学项目的审批与管理”做出了具体的规定</td></tr>
<tr><td>《关于设立和举办实施本科以上高等学历教育的中外合作办学机构和项目申请受理工作有关规定的通知》</td><td rowspan="4">对中外合作办学运行管理问题提出明确要求</td></tr>
<tr><td>《关于发布〈中外合作办学项目备案和项目批准书编号办法（试行）〉的通知》</td></tr>
<tr><td>《关于启用中外合作办学许可证和中外合作办学项目批准书的通知》</td></tr>
<tr><td>2006</td><td>《关于当前中外合作办学若干问题的意见》</td></tr>
<tr><td>2007</td><td>《教育部关于进一步规范中外合作办学秩序的通知》</td><td>针对中外合作办学工作中的突出问题，进一步规范办学秩序</td></tr>
</table>

有了法律依据后，我国中外合作办学政策开始了规范化的新阶段，政策内容从宏观层面更多地转向精细规范层面。一是运行管理规范，2004 年下发了《关于启用〈中外合作办学机构申请表〉和〈中外合作办学项目申请表〉等事项的通知》《关于设立和举办实施本科以上高等学历教育的中外合作办学机构和项目申请受理工作有关规定的通知》《关于发布〈中外合作办学项目备案和项目批准书编号办法（试行）〉的通知》《关于启用中外合作办学许可证和中外合作办学项目批准书的通知》《关于下发〈中外合作办学许可证编号办法（试行）〉的通知》。二是办学秩序规范，2007 年发布《关于进一步规范中外合作办学秩序的通知》，提出为进一步规范中外合作办学秩序，要坚定不移坚持合作办学的公益性原则，抵制和纠正将中外合作办学当作学校创收手段的错误认识和做法；要以引进优质教育资源为核心，牢牢把握好审批入口关；加强高等职业教育阶段中外合作办学的政策研究和发展规划；把握中外合作办学的政策界限。

三　我国高等教育国际化政策发展的主要特征

教育政策常常会伴随一个国家的政治、经济、文化和学术发展的变化而变化。除了政治体制对于教育政策的影响以外，经济发展水平也是影响教育政策的重要部分。

通过培养人，实现对社会政治经济的影响，是教育作用于政治经济的主要途径，也是教育政策制定的源泉。进入现代社会，科学技术高度发展，势必要求国家的政治经济人才具有较高的文化素养和科学文化水平，这就必然要依靠学校教育以及更广泛的国际化政策。这种源自政体、经济水准的政策制定、推广、变化是由国家利益以及社会发展所决定的。

从历史上看，教育与政治关系的演进，实质上就是政治民主化与教育民主化演进和发展的过程。政治经济制度直接制约着教育的性质和发展方向，教育又对一定的政治经济制度产生影响。这种影响随着现代化进程的加快，作为促进社会进步的力量，变得越来越重要。

从我国的高等教育政策，尤其是国际化政策的发展来看，伴随着政治体制改革以及经济的发展，教育投入以及教育的国际化政策都不断发生相应的变化。研究我国，乃至其他国家或地区的高等教育国际化政策发展，就必然与其相应的政体、经济实力，以及由其带来的教育水平产生联系，因为经济发展是教育政策制定和实施的基本物质条件，也影响着国家的基本政策倾向和政策实施。

我国从1978年十一届三中全会以来进入了经济社会发展的历史新时期。30多年来，面对国内外环境的复杂变化和重大风险挑战，党中央、国务院带领全国各族人民，攻坚克难，不断前进。1984年，我国开始实行改革开放制度，坚持不懈开放，使中国特色社会主义不断焕发出蓬勃生机和活力，我国经济发展和各项社会事业也取得了举世瞩目的伟大成就。90年代后期，我国的经济更是进入了快速发展阶段；高速增长期持续的时间和增长速度都超过了经济起飞时期的日本和亚洲"四小龙"，2001年中国加入WTO后到2010年，我国已经成为世界第二大的经济体。

伴随着经济的发展，我国的教育事业，尤其是高等教育事业也发生了翻天覆地的变化，2012年，普通高等教育本专科招生人数达689万人，比1978年增长16.1倍；在校生2391万人，增长26.9倍；毕业生625万人，增长36.9倍，较好地满足了经济社会发展对各类人才的需求。如果纵观我国的教育国际化政策，可以发现它也伴随着经济的发展，经历了从单一化到多元化，从计划管控到合理开放，从粗放管理到精细规范的过程，教育国际化政策从只关注教育本身到上升到国家战略高度。

（一）政策取向——单向到双向，有限开放到全面放开

新中国成立初期，我国根据当时苏联的经济社会制度建立了社会主义计划经济体制，高等教育也保持了强烈的意识形态特征。在教育国际化开始之初，我国的高等教育主要面向以苏联为主的社会主义国家，国际化程度处于单向、有限的状态。

改革开放后正式恢复高考制度，这是具有划时代意义的一项调整。一大批青年学生通过高考重新进入大学门槛，开始更高的学习进修。同时邓小平同志做出扩大派遣留学人员的战略决策。为落实邓小平同志的重要指示，教育部迅速制订计划，采取措施，在最短的时间内确定了"突出重点、统筹兼顾、保证质量、力争多派"的国家公派出国留学生选派原则，做出了3000人派遣计划。中国迎来了历史上规模最大、领域最多、范围

最广的出国留学热潮。①

1984 年，随着党中央确定了以经济建设为中心的基本国策，对外开放成为我国经济生活中的主旋律，而对外公派留学生和交流合作就是高等教育领域的一个热潮。② 1989 年“动乱”后，我国的出国留学出现了短暂的停滞。这时候更多的教育国际化探讨，集中在了如何能够将教育的国际化和建设有中国特色的社会主义相结合，既不偏安一隅，也不妄自菲薄。国家接连出台《关于出国留学工作若干方针政策问题的请示》《关于招收自费外国来华留学生的有关规定》等政策，进行了有序的调整和管控。

1992 年，邓小平同志的南方讲话，深刻地回答了我国改革开放中“什么是社会主义，怎样建设社会主义”的重大问题，极大地解放了人们的思想，坚定了人们的社会主义信念，极大地推动了我国改革开放的进程，是建设有中国特色的社会主义道路上的又一座里程碑。1993 年，国务院发出《关于在外留学人员有关问题的通知》，提出“支持留学、鼓励回国、来去自由”的新方针。它真正体现了留学政策的开放性。同年，更是出台了第一份《关于境外机构的个人来华合作办学问题的通知》。这些政策取消原自费出国留学政策中的限制，加强对于多元化交流的支持，明确提出留学人员回国后，按“双向选择”的原则，可回原单位工作或自行联系工作，也可以进入“三资”企业工作或自行开办企业等；并要求各地区、各有关部门按照本通知精神落实具体实施，方便在外留学人员回国，简化出入境手续，妥善解决留学回国人员工作、生活上的具体问题。

1996 年国家留学基金委成立，加强了留学生工作的规范管理，加大了公派留学生的力度。同年出台的“春晖计划”“长江学者奖励计划”符合我国的《“十一五”发展纲要》和《国家中长期科学与技术发展纲要》中提出的要大力吸引和培养尖端人才的战略。“春晖计划”主要资助对象为在外优秀尖子留学人员，鼓励他们短期回国工作，仅截止到 1998 年底就资助 1100 名专家回国参与项目；“长江学者奖励计划”是国家与香港基金会为提高中国高等学校学术地位，振兴中国高等教育，共同筹资设立

① 《邓小平作出扩大派遣留学生的战略决策》，《人民日报》2009 年 9 月。

② 李珩：《有关大学教育国际化问题的思考》，《神州学人》2010 年 7 月。

的专项高层次人才计划，该计划包括实行特聘教授岗位制度和长江学者成就奖两项内容。可以看出，此时的我国教育国际化政策，已经从单纯的对人的严格管理开始转化为更加开放平衡的双向选择体制，并且着眼于高级人才的引入。后期的“千人计划”也是其中的一部分。

进入21世纪，WTO为我国教育的国际化拉开了新的篇章。我国在教育服务贸易方面向WTO做出了明确的承诺，“除政府彻底资助的教育活动外，凡是带有商业性的教育活动，所有协定签署国都有权参与竞争。因此，结合我国教育的情况，从教育市场的开放而言，除了特殊教育服务（如军事、警察、政治和党校教育）和国家义务教育之外，我国其他教育服务领域都做出了开放的承诺”①。之后的几年间，我国政府接连出台政策：2004年国家留学基金管理委员会出台了《青年骨干教师出国研修项目》，2007年国家留学基金管理委员会启动《国家建设高水平大学公派研究生项目》。

时至今日，改革开放、国家发展已经走上了快车道，回顾历史可见，改革开放后我国的政策取向是在不断螺旋上升、不断完善的，从最初的单向变为双向，从最开始的有限度开放变到了今天的全面充分开放并且加速发展，不断为社会主义现代化建设贡献人才。

（二）政策形式——从计划形式转向市场体制，日趋平衡

世界的经济全球化是不可逆转的趋势，在经济全球化发展的背景下，势必会带动科技进步的日新月异和各国对于人才的白热化竞争。归根到底，经济需要人来驱动。人才的竞争，归根结底是教育的竞争，也是教育质量、国际化交流的竞争。

自十一届三中全会以来，随着20世纪80年代互联网的逐渐普及和对于国际化需求的不断增长，“教育国际化”的理念逐渐明朗。我国政府也将高等教育国际化摆在了核心位置。回首这三十几年的历史，从图2－1中不难看出我们的政策形式也在不断经历变革，从最早的关注出国留学到后来的强调吸引留学生回国，从最开始的单一注重个体转向更有影响力的合作办学，通过合作办学和项目、学术交流和科研合作、学生输出和短期

---

①　张建仁：《关于教育国际化若干问题的思考》，《新疆师范大学学报》（哲学社会科学版）2003年9月。

互访、管理理念和课程教材、区域性和全球性学术组织等方法，使政策的结构更加平衡，政策的形式更加多样，并且从教育需求者的输出转向了国际化教育的提供者。

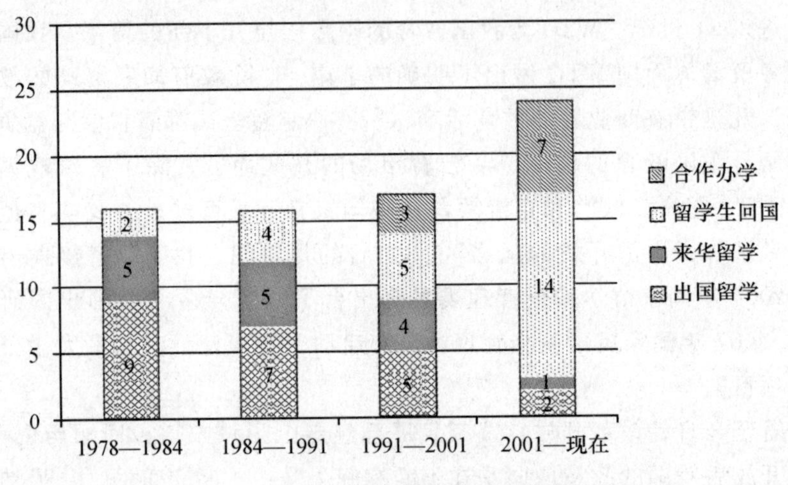

图 2－1　我国高等教育国际化政策的改变

中国高等教育国际化政策制定的前期，正是“文化大革命”结束、百废待兴之际，那时候的教育体制改革更偏向于调整不符合现代化建设的观念障碍和体制障碍，提高教育质量、学术水平，满足社会发展和人的发展的需要。更多偏重于公费外派留学生和公派自费留学生；而随着时间的进一步发展，尤其是1989 年的短暂停留之后，从 90 年代初就开始了出国留学的第二次浪潮。据统计，从 1978 年到 1992 年的 14 年间，我国出国留学 16 万人，比 1872 年到 1977 年这 100 多年出国的留学人数还多 1 万人，并且出现了低龄化的趋势，平均留学年龄从 30 岁降低到了 20 岁。自 1991 年到 2001 年，国家不断推出鼓励并且扶持留学的相关政策。1993 年国家教委发布《关于自费出国留学有关问题的通知》（教留［1993］81），其中规定对中等学校毕业生、在校自费大学生出国留学不收取高等教育培养费，并规定博士毕业研究生自费出国做博士后不收取高等教育培养费。[1] 除此之外，政府也通过在就业招考、奖助学金中体现政策开放性和

① 陈霓：《我国世纪之交自费出国留学政策分析》，《改革开放与中国高等教育——2008 年高等教育国际论坛论文汇编》2008 年 11 月。

支持力度，进一步鼓励公民自费出国留学。

与此同时，不能忽视的还有随着我国经济形势的不断走强以及国际地位的不断提高，越来越多的留学生顺应潮流回到国内。90 年代末期，国家开始重视留学人员的回国问题，连续出台有关政策。2001 年出台《关于鼓励海外留学人员以多种形式为国服务的若干意见》，2007 年、2008 年更是密集发布了《关于建立海外高层次留学人才回国服务绿色通道的意见》《关于进一步加强引进海外优秀留学人才工作的若干意见》《中央人才工作协调小组关于实施海外高层次人才引进计划的意见》《引进海外高层次人才暂行办法》《关于为海外高层次人才提供相应工作条件的若干规定》《海外高层次引进人才享受特定生活待遇的若干规定》等规章，为高层次的留学人才打开绿色通道，并且不断完善高层次留学人员回归之后的保障制度。在此政策的影响下，从 2000 年到 2013 年，留学生回国人数增长率一直保持了正增长。其中有 11 年都保持了 20% 以上的较快增长，只有极个别年份的增长率低于 20%，有 5 年的增长率超过了 40%。在 2008 年、2009 年，中国留学生回国人数增长率一度超过了 50%，分别达到 57. 5%、56. 2%。据教育部最新统计数据显示，2013 年留学回国人员的增长率为 29. 53%。虽然较前两年的增长率有所下降，但仍保持了较大的增长幅度。在 2000 年，留学回国人员仅为 9121 人，不足 1 万人。而到 2013 年，留学回国人员达到了 35. 35 万人，而当年出国留学的人数为 41. 39 万人，仅相差 6 万人。

（三）政策定位——从简单管理，上升到国家战略

高等教育的国际化，除了符合经济发展的需求，能不断培养高质量、高素质的人才，还符合国家的综合战略。

反观我国的高等教育国际化进程，经历了从最初的关注个体的留学、归国，到后来的关注跨国合作、关注借助“他山之玉”来增强本国高校的自身能力；从最初的谨慎、控制到后期的开放、包容、扩大的政策。

《国家中长期教育改革和发展规划纲要（2010—2020 年）》，专门对扩大开放提出了具体要求，把国际合作变成重要发展项目予以推进。重点推进八个项目：（1）支持一批示范性中外合作办学机构；（2）支持在高校建设一批国际联合实验室、研究中心；（3）引进一大批海外高层次人才；（4）开展大中小学校长和骨干教师海外研修培训；（5）支持扩大公

派出国留学规模；（6）实施留学中国计划，扩大来华留学生规模；（7）培养各种外语人才；（8）支持孔子学院建设。

这些行为的推进，一定程度上顺应经济发展和国家的战略需求，从另外一个层面上看，也可以通过这种不断的推进和尝试，进一步完善我国的高等教育国际化政策。

在国际合作的领域，经济最为发达的长江三角洲和珠江三角洲两个地区已经开始出现具有独立法人资格和独立校园、开设本科及以上层次课程、颁发国（境）外母体大学文凭的教育机构，诸如宁波诺丁汉大学、西交利物浦大学（苏州）、北京师范大学—香港浸会大学联合国际学院（珠海）等都希望借助国际化的力量来增强自身的实力。这种尝试短时间内并不能改变大的趋势，但是对于中国高等教育体制深度改革可以带来一些可以借鉴的意义。

从目前已经在中国内地开办的分校的经验看，这些办学机构在人才培养模式、考试、学业成就、办学管理等方面，与内地大学相比显示出明显的特色。但与人们对这类大学的期望相比，尚存在一些差距，如招生自主权依然没有真正落实，多元化招生需求难以满足；在新颖的教学内容和方法下培养的本科生，毕业后难以进入国内大学就读研究生；这类学校中的国际化师资难以融入国内现有的科研项目申报系统等。这些都对现行的政策，比如《中外合作办学条例》等提出了进一步改进的需求。要求政府反思并着手修订现有中外合作办学方面的法律、法规和政策，进一步促进这些新型办学模式的多样化发展。

汉斯·摩根索曾经说过，“较之军事、经济，如果文化运用得当，将能降伏人们的头脑，产生耐久、稳定的战略效果”，随着我国经济水平的发展，越来越多的海外人员选择来中国留学，以期能借助中国在国际上强大的位置来不断实现自我价值。而伴随着“孔子学院”等一系列政策，国家也在进行战略的布局和调整，积极开展对外汉语教学工作，以期使得文化乃至语言的教学成为高等教育国际化的一部分。孔子学院对于中国文化的加速传播，扩展中国文化的影响力是有正面影响的。语言和文化之间的密不可分使得汉语在国际化的过程中会加强文化的传播，促进中国的文化外交，加强软实力并且进一步提高中国的形象。迄今为止，从埃及到日本，从美国到俄罗斯，我国共开设了249所孔子学院和56所孔子讲堂。

高等教育的国际化符合文化外交的特质。文化外交是指国家以维护本国文化利益以及完成对外战略作为出发点，在文化政策指导下的外交活动。由最初单纯的对于留学、归国的管控，到后期的深入改革，从深化合作、机制引入、强化管理、拓展思路等各个方面加强并且完善我国高等教育国际化的政策，可以看出改革开放三十多年来，我国走出了一条高等教育国际化的强国之路。诚然，在政策本身，尤其是在国际办学的接轨合作方面，以及上升到国家战略的文化输出上，我们还有很多可值得提高的空间。

第三章　北京市、云南省高等教育的国际化

第一节　北京市高等教育国际化的历史机遇

一　北京市高等教育国际化的历史概况

（一）历史沿革

北京市是中国的首都，也是四大直辖市之一。它位于华北平原北部，西邻太行山脉，北接燕山山脉，毗邻天津市和河北省，有永定河流经西南。这里四季分明，是典型的温带半湿润大陆性季风气候，夏季炎热多雨，冬季寒冷干燥，春、秋两季短促。北京市下辖东城区、西城区、朝阳区、海淀区、丰台区、石景山区、门头沟区、房山区、大兴区、通州区、顺义区、昌平区、平谷区、怀柔区、密云区、延庆区等16个区。根据2013年末的人口统计数据，全市常住人口为2114.8万人。

北京是中国“四大古都”之一，有6项世界文化遗产位于当地，是世界上拥有文化遗产项目最多的城市。它有着3000余年的建城史、860余年的建都史，是一座历史文化名城，拥有众多历史名胜古迹和人文景观。如今，作为中华人民共和国的首都、直辖市和国家中心城市，北京市不仅是我国的政治中心，也因坐拥其他中国大城市所难以望其项背的巨大文化、教育资源而成为了我国的文化、科教和国际交往中心，高等教育的国际化自然是顺理成章的事情了。

早在元朝大德十年（1306），京城大都（即北京）便建成了中央官学国子监，它是我国元、明、清三代国家管理教育的最高行政机关和国家设立的最高学府。北京国子监接收外国留学生的记载，最早见于明代永乐年

间。1644年，清朝顺治帝定鼎北京，清王朝开始了对全国的统治。由于清朝实行了较明朝更为严厉的闭关锁国政策，所以直到康熙二十二年（1683），北京国子监都没有接收过外国留学生。康熙二十三年（1684），册封使臣汪楫、林麟昌自琉球国返还京师，向礼部疏言，琉球国中山王尚贞曾亲诣馆舍，恳请转奏："下国僻处弹丸，常惭鄙陋，执经无地，向学有心，稽明洪武、永乐年间，常遣本国生徒入国子监读书，今愿令陪臣子弟四人赴京受业。"后礼部向康熙帝奏议："今该国王尚贞，以本国远被皇仁，倾心向学，恳祈使臣汪楫等转奏，愿令陪臣子弟四人赴京受业，应准所请，听其遣臣子弟入监读书。"康熙帝下旨允行。从此，外国留学生，尤其是琉球官生，入北京国子监读书者络绎不绝。这些入监读书的外国留学生来自朝鲜、俄罗斯、日本、琉球等周边国家。明、清两朝的统治者对这些留学生极为关怀和重视。留学生们不论初入国子监读书还是学成毕业（明代学制一般为六年，清代一般为三年），礼部都要设宴款待，有时皇帝还要亲自接见。为保证他们的学习和生活，明代曾于国子监前建王子书房，供其居位；清代则在国子监南侧专门设立俄罗斯学馆，在国子监内西厢设立琉球学馆，并选派品学兼优的监生担任语言教习，"尽心训迪"；指定导师，"专管董率"。这些学生在国子监除学习外，还可参加朝廷的一些活动，如参拜、迎驾等。乾隆二十六年（1761），时值孝圣宪皇太后七旬万寿庆典，琉球官生郑孝德等随国子监肄业诸生恭进诗册，并随班迎驾。事后，乾隆帝特赐其缎匹。明、清朝廷对外国留学生的重视和礼遇，较好地促进了中外文化交流，增进了中国与周边国家的了解和友谊，成就了中外文化交流史上的一段佳话。

中国第一所现代意义上的大学是创办于1898年的京师大学堂。1912年5月，京师大学堂更名为国立北京大学，是中国历史上第一所冠名"国立"的大学。它也是教育部最早确认的接收外国留学生的专业大学，自1955年以来，招收外国留学生已有将近60年的历史。截至2010年底，北京市已有81家院校接收外国留学生学习，接收来自183个国家近8万人次留学生。

（二）改革开放后的发展

自1978年底改革开放的基本国策实施以来，随着中国社会经济的飞速发展，国内高等教育的形势也发生了深刻的变化。目前，国家的各个层面都把国际化进程纳入其发展战略中，作为其重要环节来考虑。随着经济全球化的发展，教育的国际化已经成为中国高等教育发展的必然趋势。各种国际组织，越来越成为国际交流、合作的舞台。联合国教科文组织通过召开会议、颁布文件，从各个角度不断促进国际理解、和平、人权与合作，成为推动高等教育向着国际化发展的重要里程碑。特别是世界贸易组织于1994年底完成了乌拉圭回合谈判，通过了《服务贸易总协定》，确立了高等教育国际化是国际服务贸易这一性质。实际上，高等教育服务贸易发展加快的过程，就是高等教育国际化程度加深的过程。北京是国际化的大都市，其高等教育国际化的历程与全球经济贸易一体化的大背景息息相关。改革开放三十多年，尤其是2001年12月11日我国正式加入世界贸易组织以来，北京市的高等教育国际化步步推进，层层深入。

留学生分为出国留学和来华留学两种类型。出国留学和来华留学的人数明显增长是我国近几十年来高等教育国际化过程中的一个显著特征。据教育部统计数据显示，2013年中国出国留学总人数为41.39万人，比2012年增长了3.58%。从1978年开始，我国出国留学的人数有逐年上升的趋势，特别是自2000年后，这一数字开始明显增高。从历史数据来看，从1978年到2011年，中国各类出国留学人员总数达到265.51万人。目前，我国已然成为全球最大的留学生生源输出国。

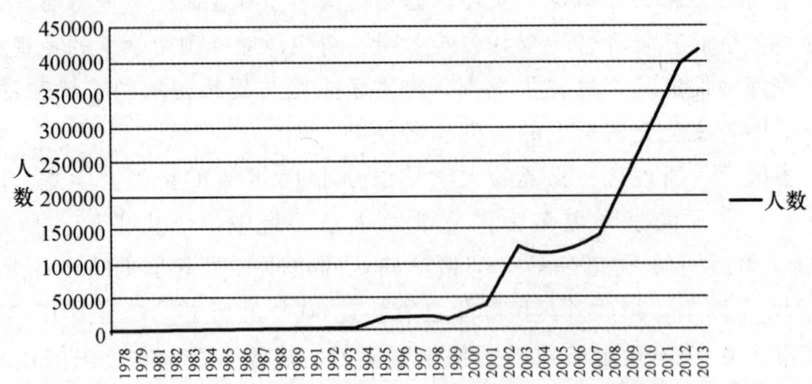

图3-1　1978—2013年中国出国留学总人数

数据来源：中国教育在线，http：//www.eol.cn/html/lx/2014baogao/content.html.

根据历史上的数据来考量来华留学的人数，中国接收来华留学的国际学生人数也呈逐年上升的趋势。2011年，来我国留学学生人数已经有

292611人，与1978年我国只有1236名国际学生来华留学相比呈现惊人的增长速度。这一数据的统计表明，到2011年，留学生人数是1978年留学总人数的190倍之多。2012年共计有来自200个国家和地区的328330名各类外国留学人员分布在全国31个省、自治区、直辖市的690所高等院校、科研院所和其他教学机构中学习（以上数据均不含台湾省、香港特别行政区和澳门特别行政区），比2011年增加了35719人，增长比例为12.21%。

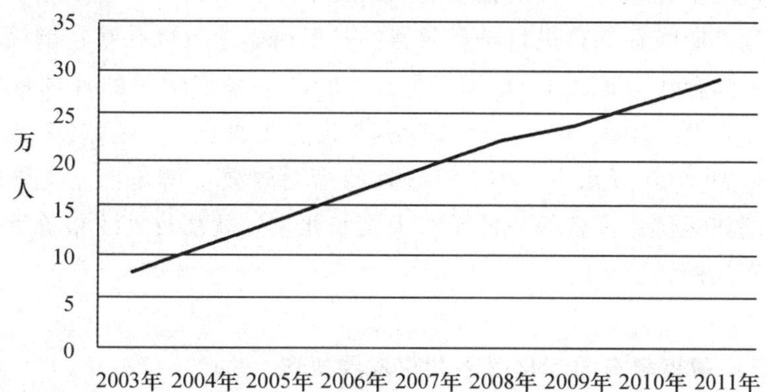

图3-2　近年来华留学人数趋势

数据来源：中国教育在线 http：//www.eol.cn/html/g/report/2012/report3.

此外，出国留学和来华留学的交流形式也随之发生了很大变化。据有关专家所言，高等教育国际化经历了两个阶段：第一，“单向交流”阶段。“单向交流”阶段是指自我国改革开放以来1978年到2000年我国高等教育国际化的模式。这一阶段我国有大批学生向国外派出，大量学生涌向国外，这一时期的特点就是对外派出。第二，是“双向交流”阶段。从2000年以后，我国出国留学的人数仍然持续增长，但是来华留学的人数也快速增长，这样形成了双向互动的模式，也是双向交流的形式。直至2011年，来我国留学的外国留学生人数已经超过29万人，与当年出国留学人数（33万人）相比已经所差无几。这一数据表明我国的高等教育已经进入双向互动的阶段，留学生的国际化显然是高等教育国际化的重要标志。

随着改革开放的不断深化，我国留学生人数显著增加。在全国留学生人数增多的历史背景下，北京市的出国留学和来华留学的人数也显著增多。北京留学服务行业协会会长桑澎说，根据教育部 2011 年公布的出国留学人数统计，2011 年北京自费出国留学人数占全国的三分之一，达 11.5 万人。据桑澎介绍，北京出国留学的学生中，读本科的有 2.8 万人，读硕士的有近 4.1 万人，另有部分学生到国外读高中、预科和语言。北京市来华留学的人数也相应增多。由于金融危机的影响，一些国家货币贬值，影响了留学生的走向，这使得来北京短期留学的学生数量在一定程度上缩减，但金融危机并没能让来北京接受学历教育的留学生数量下降，反而金融危机期间在北京进行学历教育的长期留学生人数一直在增长。北京市教委国际合作处原处长邱小平透露，2008 年来京学习的外国留学生达到 6.6 万人次。2009 年，北京市政府所设立的外国留学生奖学金额，额度已经达到 4500 万元。[①] 2010 年 6 月的第七届教育博览会，美国常春藤名校，例如哈佛、耶鲁等校的负责人聚集北京，就高校人才培养等合作机制进行深入探讨。

（三）高等教育国际化赋予北京发展机遇

从高等教育的概念我们可以看出，大学是高等教育的主要组成部分，那么高等教育国际化的主体也理应以大学为研究对象。1962 年，联合国教科文组织在非洲召开 44 个国家参加的高等教育会议，会议对高等教育的解释是："高等教育是指大学、文学院、理工学院和师范学院等机构所提供的各种类型的教育而言，其基本入学条件为完成中等教育。一般入学年龄为 18 岁，学完课程后授予学位、文凭或证书，作为完成高等学业的证明。"[②]

当世界进入 21 世纪的时候，不管人们愿不愿意，欢不欢迎，经济全球化和科技一体化都已经成为一种不可逆转的历史潮流，而且它正在打破旧有的平衡，引发一场波及各个领域的新的变革。

随着互联网技术、通信技术和交通技术的发展，地球已经变得越来越小，便利的通信使得地球变成了地球村；随着国际贸易持续高速增长，对

---

① 引自 http：//www.51test.net/show/764362.html。

② 王庆石、刘伟：《我国高等教育国际化的相关问题及其对策》，《现代教育管理》2009 年第 5 期。

外直接投资规模不断扩大，金融资本跨国流动正在加快，国家之间和区域性的经济合作日益增强，世界经济中“你中有我，我中有你”的现象日益明显，相同的经济利益，已使各国经济融为一体，国家间的关系日趋紧密，相互交织，相互依存，导致了生产的国际化、商品的国际化和市场的国际化。

北京作为国际化的大都市正经历着时代的变革，在这种国际化的浪潮下，北京高校抓住机遇，迎接挑战。高等教育的国际化是一项世界性的研究课题。北京市在高等教育国际化这一战略思想指导下，中外教育交流与合作长足发展。派遣留学人员出国深造、接受外国来华留学生、聘请外国专家来华工作、参加与召开国际学术会议、开展国际教育和科技合作等活动，在高等教育改革与发展方面发挥了重要的不可替代的作用。改革开放三十多年来的实践，北京市在高等教育国际化的实践中积累了较为丰富的经验，也有很多的教训。在不断推进中北京市抓住机遇，大步向高等教育国际化迈进。①

在这种国际背景下，北京高等教育也顺应时代潮流，积极把握机遇，逐步向国际化迈进，无论从师资力量、留学生数量，还是从课程安排、联合办学等方面都走在全国前列。自改革开放以来，北京市高等教育机构越来越把注意力转向“国际化战略”的制定与实施，努力加快招收国际学生和员工，建立国际合作伙伴关系，开展国际学术交流活动。北京市高等教育国际化在全球经济一体化的背景下把握机遇，蓬勃发展。

二　北京市高等教育国际化的优势

（一）政治优势

北京是一个极力倡导和推行高等教育国际化的城市，无论在教育国际合作还是在人员交流方面都位于全国前列。这与北京的政治优势是分不开的。北京市是我国的首都，是全国的政治中心，全国的政策出台可谓大都出自于此。高等教育国际化的政策推广更是离不开国家的推动。

北京市制定高等教育国际化的政策法规，大力发展留学教育，重视外

① 陈昌贵、谢练高：《走进国际化——中外教育交流与合作研究》，广东省出版集团 2010 年 4 月。

语教学和国际理解教育，积极开展国际交流合作，开创了高等教育国际化的新局面。北京市高等教育国际化受到国家政策的推动，北京高等教育国际化的发展与整个国家的政策有着紧密联系。自 1978 年改革开放以来，我国大力发展高等教育。邓小平同志就积极支持留学事业的发展，给了高等教育国际化很多推进的空间。这种政策上的宽容和开放使得高等教育国际化不断推进，有了发展的余地，也使得北京高校一步步赶上世界的潮流，紧跟国际的步伐，走在时代的前端。正是有了这样的政策支持，才使得高等教育国际化得到持续而稳定的发展。

近年来不仅有越来越多的学生从北京高校走向世界，去国外留学，而且北京市高校还积极鼓励国外学生来华留学，支持世界各地高校教师互相交流学习，促进北京市高校参与国际性的合作项目，扩大高校学生对外国文化的了解，培训教师积极向来华留学生讲解我国的文化和知识等。在这些积极举措下，北京高校还设立奖学金和基金项目直接推动高等教育国际化的步伐。这些努力还在持续不断地进行着。北京市高等教育国际化在首都政治中心的影响下稳步发展，首都的政治地位为北京市高等教育国际化提供了有力的保证。

（二）人才优势

发展的关键是人才，人才决定了事业的成败。在经济科技全球化、一体化的今天，人才战略是我国的重要战略。人才战略包括引进人才和培养人才。北京市高校的人才战略不外乎也是这两个方面，北京作为首都，拥有来自全国各地，甚至世界各地的优秀人才。高校的人才引进就是要以人才为载体，通过聘请国外专家来我国工作，为我所用，帮助我们解决科研、教学、体制等方面的难题。我国是一个发展中国家，高校引进优秀的教师资源是我们长期坚持的战略方针。在教育国际竞争愈演愈烈的今天，人才的引进尤为重要。北京已经把人才引进作为高等教育国际化的重要举措。北京市政府近年来越来越重视高校人才的培养与引进，已经形成了“培养—引进”双管齐下的模式，从各个层面上都体现出人才资源的倾向性。北京高校也加大了吸引和培养人才的力度，不仅吸收国外的优秀教师、专家来京工作讲学，而且还主动输出教师去国外优秀大学进修，学习新的知识和教学理念，不断提高教师本身素质，提高教师国际化的意识，使教师具有国际化的视野。北京市政府也出台相关的优惠政策，促进了北京高等教育国际化的发展。

（三）文化优势

北京是一座拥有深厚文化底蕴的城市。北京建城已有3000多年的历史，作为都城也有860多年的历史，是世界上为数不多的历史城市。凭借着悠久的历史，北京市的文化遗产可谓极其丰富，极具特色。例如世界文化遗产故宫、十三陵、长城、颐和园等。这些文化遗产不仅是我国的宝贵财产，更是全人类的宝贵遗产，是我们祖先智慧的结晶和体现。北京不仅是全国的政治经济中心，更是文化中心，北京拥有各种与文化相关的国家级、市级单位。这些都是北京市高等教育国际化得天独厚的文化优势。

在北京这座文化底蕴广博深厚的城市，高等教育国际化也具有了其特殊的发展机遇。首先，北京在改革开放的大潮中，制定出宽松开放的高等教育国际化鼓励政策，扩大留学生国际交流，加强国际联合办学。其次，北京的高等教育正在努力加速推进国际化步伐，按照世界高等教育发展趋势、国际高等教育发展共同原则和惯例提升我国高等教育的现代化水平，并以此为基础，改造我国传统式的高等教育，从而在更高层次上促进和形成具有民族化特色的现代化的高等教育体系。再次，北京要吸收各国优秀的文明成果并且加强与各国文化的交流合作，努力增强我国文化的国际影响力。北京市高等教育国际化随着北京文化事业和文化产业的不断推进，不断提升，总体实力和国际竞争力也会与日俱增。

三　北京市高等教育国际化现状

高等教育国际化已成为不可逆转的趋势。在这种大环境下，北京市立足国内，放眼全球，紧跟国际潮流，发挥自己的政治、经济、文化等优势，不断推进北京市高等教育国际化。北京市将高等教育的改革和发展置于世界背景之中，以国际社会的视野而非仅从一国的角度进行考察和把握，通过与不同国家、地区的高校进行多种合作的方式，以期在人才、信息、技术等方面进行广泛交流，在某种程度上实现资源共享。北京市积极制定相关政策，使北京市高等教育与那些符合教育规律、顺应历史潮流的国际高等教育惯例接轨，加强教学制度、学位制度和科研制度等的国际通用性，使北京市高等院校培养出更多的在国际事务和国际竞争中发挥积极作用的人才。

（一）师资团队国际化

高等教育国际化的核心内容之一是师资队伍的国际化。高等教育国际化关键是要发挥人才的优势。高校要成为培养创造性人才的摇篮、技术创新和产业化的重要基地以及知识创新的核心和动力，这就要求我们拥有一支高素质的师资队伍。韩愈有言“古之学者必有师”，教师自古以来都承载着重要的角色，当今社会更离不开教师。一个学校的成败、学生的培养以及成长轨迹都与教师的素质息息相关。在高等教育国际化的今天，师资力量的国际化不仅是经济全球化的客观要求，更是我们国家高等教育事业发展的必然趋势。在发达国家，高等教育国际化已经发展得非常深入。各个国家都很重视高等教育国际化的发展，积极制定政策，努力推动高等教育国际化的进程。优质的师资队伍能加快高等教育国际化的步伐并能保证高等教育国际化的质量。优质的教师要具备国际视野，具有国际水平，各方面指标要与国际接轨。师资队伍的国际化主要包括以下三个方面的内容：一是人才引进，二是人才培养，三是海外输出。

1. 人才引进

近年来我国大力推行人才强国战略。放眼全球，各个国家都在招兵买马。要问何故，必然是一个国家的实力归根结底还要靠人才来支撑。一个国家的经济、文化、政治等综合国力的体现都集中在人才的竞争上。一个国家拥有多少国际化的人才直接影响其国际竞争力。高校是培养人才的地方，也是人才集中的地方，所以高校的人才引进更值得国家关注。提高高校人才数量和质量是发展的根本。高等教育国际化的重要性也体现在人才引进方面。一所具有国际水平的高校必然其人才是多元化的更是国际化的。只有网罗全球的人才，面向全球引进人才，才能使高校与国际接轨，才能使高等教育走向国际化。

近年来，北京市委市政府在高校人才引进方面做了很大努力，也卓有成效。北京市不断加大对市属高校的资金投入，积极推进各大高校大量引进海外高层次人才，这使得北京市属高校的师资队伍结构发生了深刻的变化。北京市高校积极掌握海外人才发展的规律，抓住人才引进的关键环节，努力为海外人才提供更好的发展机会。在北京市的不断努力下，北京高校已经吸引了一大批海外优秀人才，但是这还远远不够。我们还需继续努力，不断深化，把人才引进的战略坚持下去。

2. 海外培养

海外培养的重要渠道就是公派留学出国。改革开放三十多年来，我国公派留学的人数越来越多。高校积极把学生送出国门，让学生受到国际化的教育，享受丰富的教育资源，使得学生具有国际化的视野，成为拥有国际水准的学生。公派出国的学生大都是高校经过严格选拔和层层筛选的优等生，生源非常优质。这样公派留学可以使资源更好地分配。通过这一途径把人力资源转化为优质的资本，使我国成为人力资源强国，使我国社会主义现代化建设能大踏步前进。

海外培养的另一个层面是教师公派出国留学。不仅学生享有公派出国留学的待遇，现在越来越多的高校都积极把教师派出海外进行培养。让教师出国进修，使得教师具有国际化的视野，成为国际化的人才，具有国际化的、一流的教学水平。海外培养是教师成长的有效途径。公派留学使得教师更容易走向世界，成为与世界接轨的一流教师。这样我国高校才能拥有一支国际化的师资队伍。

近年来，北京高校教师公派出国留学的工作已经卓有成效。在一系列政策的扶持下，北京市高校形成了较为完善的工作流程以及规章制度。高校教师公派出国留学呈现出活跃的局面。

公派留学为我国的科教事业做出了巨大贡献，为我国培育出了无数与世界接轨的学术型人才，其中不乏我们现代科学界的泰斗及核心人物。公派出国留学归来的教师很多都成为当今学术界的中坚力量。留学归国人员目前已经成为我国与国际学术界联系必不可少的桥梁和纽带。海外培养人才成为国家与国际社会交际的辐射源。

北京高校结合发展需要，把人才引进的数量与质量、个人与团队、结果与过程结合起来，采取措施引进海外人才，输出国内人才出国交流，开展国际合作，加强师资国际化建设，大力推进教师公派出国留学项目。北京市高校以科学管理为核心，推进人才引进发展。高校领导组织相关人员进行顶层设计和长远规划，通过引进和培养高层次人才来打造北京高校与国际接轨的师资队伍，这样使得人才培养计划趋于完善。海外培养高校教师促进了高校教学观念改进，以及体制、教学模式和内容、相关教学方法、教学手段的现代化。这些人才一改过去传统的人才培养模式，使教学质量大幅提升，高校面貌焕然一新。为了使北京高校逐渐成为中西文化的汇集地，让国际交流在北京高校碰撞出更多学术火花，现在很多北京高校都成为了国际或区域高等院校组织的成员，与北美、欧洲以及亚洲其他国家的著名高校都保持着密切的交流与合作。北京高校领导也鼓励教师放眼世界，签订多项交流计划来促进教师和海外的接触与沟通。海外人才培养在北京市高等教育国际化中扮演着重要的角色。

3. 人才输出

(1) 孔子学院

“孔子学院”，指的是中国国家对外汉语教学领导小组办公室在世界各地设立的推广汉语、传播中国文化与国学的教育机构、文化交流机构。其最重要的一项工作就是给世界各地的汉语学习者提供规范和权威的现代汉语教材，提供正规的汉语学习渠道。全球首家孔子学院于 2004 年 11 月 21 日在韩国首尔成立。据统计，到 2013 年 9 月，全球已建立 435 所孔子学院和 644 个孔子课堂，共计 1079 所。它们分布在 117 个国家和地区，成为汉语教学推广与中国文化传播的全球性品牌和平台。《孔子学院规划 2012—2020》还明确指出了孔子学院未来几年的发展目标：到 2015 年，全球孔子学院达到 500 所，中小学孔子课堂达到 1000 个，学员达到 150 万人。[①]

孔子学院肩负着向世界推广汉语、传播中国文化、促进世界多元文化发展、增进世界对中国的了解、发展中国与外国的友好关系、为构建和谐世界贡献力量的伟大使命。孔子学院的业务包括：面向世界，为社会各领域人士开设汉语教学课；开展汉语语言文化交流活动；培训对外汉语老师，提供学习汉语的各种资源；开设汉语考试（HSK）、开办对外汉语教师资格认证；提供中国教育、文化等信息资讯等。迄今为止，孔子学院在全球的分布已经初具规模。我们要深入了解孔子学院所在国家的具体国情，包括习俗、节日、信仰等传统文化内容，以及当今社会的流行文化因素，还有当地的教育体制等，这样才能使孔子学院融入当地社会。孔子学院还根据所在国家和地区的具体情况和不同人群的语言学习要求，因材施教，因地制宜，推出了一系列包括学历与非学历在内，从幼儿园到大学的汉语课程。开设了形式多样的服务，方便了当地

---

① 百度百科，http：//baike. baidu. com/link？ url = hx7wdRpi70s6WYEGacD9g0VrwbeEjxlk0vRRRTI_ IwwtZZsRqS - bB1qLcaoO8QI7。

各阶层的具体语言活动，基本满足了当地汉语学习者多方面的要求，取得了显著的效果。

2007 年 4 月 9 日，大家期盼已久的孔子学院总部终于在北京正式揭牌成立。《孔子学院章程》规定，孔子学院总部是全球孔子学院的最高管理机构，中国国务委员陈至立担任孔子学院总部理事会主席。当年，全世界已经建成启动的孔子学院有 140 多所，分布在 50 多个国家和地区。各地孔子学院充分利用自身优势，逐步形成了各具特色的办学模式，成为各国学习汉语言文化、了解当代中国的重要场所。陈至立说，孔子学院总部将发挥自身优势，促进各地孔子学院的交流，通过组织各种学术交流活动，让各地孔子学院取长补短，提高学术水平。孔子学院总部的设立将推进“汉语热”的升温。我国已经在许多高校设立“汉语国际教育专业硕士学位”，以扩充对外汉语教学的师资，而且这一举措还在不断深化中。①

（2）外派汉语教师和汉语教师志愿者

汉语教师志愿者（以下简称“志愿者”）项目是我国为帮助汉语爱好者，解决世界各国汉语师资短缺问题而专门设立的志愿者的一种服务项目。国家汉语国际推广领导小组办公室（以下简称国家汉办）下设“志愿者中心”，该中心负责具体的实施工作。从 2004 年以来，国家汉办已向 68 个国家派出了近 8000 名教师志愿者，这些教师志愿者分布在世界五大洲的 48 个国家。汉语教师志愿者项目是由中国教育部下属的非政府机构——国家汉办负责组织实施的。

北京市高校也结合高等教育国际化的趋势，不断选拔和派送优秀汉语教师到国外做志愿者，加快高等教育国际化的步伐，实现人才资源共享。北京市很多高校都设立了“汉语国际教育专业硕士学位”，来弥补日益上升的对外汉语教师的空缺。而且，近年来北京高校派出许多优秀的汉语教师赴世界各地的孔子学院教学。这些举措都获得了好评，为汉语的推广、中华文化的弘扬做出了很大贡献，也使得师资力量更加国际化，推动了高等教育国际化的发展。

① “孔子学院总部在北京正式成立统筹全球汉语教学”，http：//www. china. com. cn/law/zhuanti/hjtjh/2007 - 04/09/content_ 8474659. htm。

（二）生源国际化

在经济全球化的今天，高校无疑要面向世界，紧跟时代的脚步。北京市是一个开放的现代化大都市，我们要坚持高等教育对外开放的步伐，以提高北京高等教育的国际竞争力。高等教育国际化，是北京市高等教育不可避免的趋势，是机遇也是挑战。如何让北京的高等教育稳步向国际化迈进？无疑生源的国际化是其重要的途径之一。生源的国际化主要体现在以下几个方面。

1. 来华留学教育

高等教育国际化趋势已成为当今世界教育发展的主要趋势之一，而留学生教育的输入仍是高等教育国际化的主要形式之一。

截至 2005 年底，来京外国留学生规模已突破 4 万人，位居全国之首，比“十五”初期增长了 87%。其中，北京的 70 多所高校共接收了来自 172 个国家的 26309 名留学生。北京高校在校留学生规模约占当年北京外国留学生总规模的 60% 以上。北京高校为来京留学生规模的增长做出了突出的贡献。“十五”期间，北京高校在校留学生规模基本呈现出与全国和北京留学生总规模大致相同的发展趋势。2003 年受“非典”等不利因素影响，北京留学生数量曾经下降至 3 万人以下，北京高校在校留学生甚至低于 2 万人。2004 年，北京高校在经受住种种考验后，比上年增长了 35%，恢复了留学生规模扩大的态势。2005 年，留学生规模进一步扩大，为“十一五”期间北京高校外国留学生教育发展奠定了良好的基础。

2. 海外汉语推广

随着我国汉语国际推广事业的不断发展，关于汉语推广各个方面的研究日益增多。孔子学院从 2004 年底诞生以来，迅速在全球一百多个国家和地区开花结果。作为我国第一个真正意义上的规范性海外汉语推广平台，其重要的意义和地位是不言而喻的。

截至 2008 年 12 月底，北京地区有 17 所大学（其中部属院校 11 所，市属院校 6 所）和 8 所中小学在世界 33 个国家举办了 66 所孔子学院和 5 个孔子课堂、2 所中外双语学校。

表 3－1　北京院校承办孔子学院（课堂）一览表（合计 73 个）

序号	中方机构	孔子学院
1	北京外国语大学（11）	1. 美国夏威夷（玛诺亚）大学孔子学院
		2. 奥地利维也纳大学孔子学院
		3. 保加利亚索非亚孔子学院
		4. 比利时布鲁塞尔孔子学院
		5. 比利时列日孔子学院
		6. 波兰克拉科夫孔子学院
		7. 德国杜塞尔多夫大学孔子学院
		8. 德国纽伦堡－埃尔兰根孔子学院
		9. 捷克帕拉斯基大学孔子学院
		10. 匈牙利罗兰大学孔子学院
		11. 意大利罗马大学孔子学院
2	北京大学（9）	12. 西班牙格拉那达大学孔子学院
		13. 德国柏林自由大学孔子学院
		14. 英国专长学校联合会孔子学院
		15. 日本立命馆孔子学院
		16. 日本早稻田大学孔子学院
		17. 泰国朱拉隆功大学孔子学院
		18. 印度尼赫鲁大学孔子学院
		19. 埃及开罗大学孔子学院
		20. 俄罗斯莫斯科大学孔子学院
3	北京师范大学（4）	21. 加拿大魁北克省孔子学院
		22. 美国旧金山州立大学孔子学院
		23. 美国俄克拉荷马大学孔子学院
		24. 英国曼彻斯特大学孔子学院
4	北京语言大学（13）	25. 白俄罗斯国立大学孔子学院
		26. 罗马尼亚锡比乌大学孔子学院
		27. 英国谢菲尔德大学孔子学院（与南京大学共同承办）
		28. 巴基斯坦伊斯兰堡国立现代语言大学孔子学院
		29. 日本北陆大学孔子学院
		30. 美国乔治梅森大学孔子学院
		31. 美国南卡罗来纳大学孔子学院

续表

序号	中方机构	孔子学院
4	北京语言大学（13）	32. 法国拉罗谢尔大学孔子学院
		33. 墨西哥国立自治大学孔子学院
		34. 韩国启明大学孔子学院
		35. 古巴哈瓦那大学孔子学院
		36. 加拿大麦克马斯特大学孔子学院
		37. 美国韦伯斯特大学孔子学院
5	人民大学（8）	38. 津巴布韦大学孔子学院
		39. 爱尔兰都柏林大学孔子学院
		40. 德国莱比锡大学孔子学院
		41. 芬兰赫尔辛基大学孔子学院
		42. 美国麻州大学孔子学院
		43. 丹麦哥本哈根商务孔子学院
		44. 以色列特拉维夫大学孔子学院
		45. 意大利博洛尼亚大学孔子学院
6	清华大学	46. 英国伦敦商务孔子学院
7	北京体育大学	47. 挪威卑尔根孔子学院
8	中央广播电大	48. 美国密歇根州立大学孔子学院
9	中国传媒大学	49. 加拿大爱德蒙顿教育局孔子学院
10	华北电力大学	50. 埃及苏伊士运河大学孔子学院
11	对外经济贸易大学（4）	51. 日本福山大学孔子学院
		52. 俄罗斯国立人文大学孔子学院
		53. 墨西哥新莱昂自治大学孔子学院
		54. 加拿大不列颠哥伦比亚理工大学孔子学院
12	首都师范大学（4）	55. 俄罗斯圣彼得堡大学孔子学院 56. 秘鲁皮乌拉大学孔子学院 57. 美国明尼苏达大学孔子学院 58. 意大利威尼斯大学孔子学院
13	北京联合大学	59. 英国兰彼得威尔士大学孔子学院
14	北京工业大学	60. 波兰奥波莱工业大学孔子学院

续表

序号	中方机构	孔子学院
15	北京第二外国语学院（4）	61. 墨西哥齐瓦瓦州立大学孔子学院
		62. 法国克莱蒙费朗市孔子学院
		63. 摩洛哥穆罕默德五世孔子学院
		64. 英国兰开夏中央大学孔子学院
16	首都经济贸易大学	65. 美国克利夫兰州立大学孔子学院（正申请）
17	潞河中学	66. 墨西哥城孔子学院
18	北大附中	（与北大合办）英国专长学校联合会孔子学院
	中方机构	孔子课堂
19	北京交通大学	1. 比利时鲁汶工程联合大学孔子课堂
20	北京市大成学校	2. 英国赫尔孔子课堂
21	清华附中	3. 英国布莱顿中学孔子课堂
22	海淀实验中学	4. 日本福山市银河中学孔子课堂
23	白家庄小学	5. 英国曼彻斯特圣保罗小学孔子课堂
	中方机构	双语学校
24	芳草地小学、北京一幼、和平街幼儿园	1. 阿联酋阿布扎比中英文学校
25	北京育才学校	2. 芬兰赫尔辛基芬中双语学校

3. 中外合作办学

中外合作办学是高等教育国际化的重要途径。中外合作办学是指在中国具有法人资格的教育机构和其他社会组织同外国法人组织、个人以及有关国际组织合作举办的教育教学活动，包括境外和我国境内本土的中外合作办学。① 我国的中外合作办学出现在改革开放之后，大约在 20 世纪 80 年代末 90 年代初。在这二十多年间，我国的中外合作办学已经日渐成熟。尤其在我国加入 WTO 后，中外合作办学蓬勃发展，成为高等教育领域不可忽视的力量。中外合作办学能够发挥其先天的优势，即对外交流，能够推进高等教育国际化的步伐。它也是我们高等教育国际化的重要组成部分。合作办学相比海外留学，更能培养学生的文化情操，有利于学生得到

① 《关于发布〈中外合作办学暂行规定〉的通知》，http：//www. chinalawedu. com/falvfagui/fg22598/20547. shtml。

系统的思想道德教育，它也更为平民化，有更为广阔的交流范围和内容，具有很强的系统性和整体性。合作办学也有利于中外双方的交流，可以加深彼此的了解，从而带来意想不到的合作或者交流机会，能够加强高校的高等教育国际化步伐。

我国加入 WTO 以后，对国际型人才的需求日益加大。合作办学可以很好地缓解我国对国际型人才的需求。中外高校合作办学在专业设置方面有一个明显的特点，就是应用性强。因为合作办学主要是针对社会中紧缺专业或者新兴行业人才的短缺而兴起的。专业设置也具有应急性，例如工商管理、商业会计与计贸英语、国际贸易等。合作办学大都引进国外的优质课程和教材，聘请外籍教师给学生上课，所以培养出来的学生具有很高的外语水平和国际化的思维，所以合作办学培养出来的学生很容易在就业市场上成为佼佼者。故此，我们说合作办学在高等教育国际化的进程中扮演重要的角色。北京许多合作办学的高校引进了国内尚未开设的专业，填补了我国高等院校一些专业的空白，例如在中关村创新研修院，我们国家的第一个项目管理专业研究生课程班培养了第一批该专业的紧缺人才。

我国在加入 WTO 以后，外资流动明显增多。通过中外合作办学，可以引进外国资金，从而缓解我国目前高等教育改革与发展中资金短缺的问题，为我国高等教育的发展添砖加瓦。某种程度上，中外合作办学是教育服务贸易的一种方式。从我国合作办学的模式来看，中外合作办学很好地利用了其融资功能，最大限度地引入了外资，在一定程度上加快了我国高等教育国际化的步伐。

据不完全统计，到 2002 年底，我国合作办学的机构、项目共 712 个，其中北京市 108 个，北京市高校合作办学可谓蓬勃发展。这些合作办学的高校积极引入国外新的专业和课程，并借鉴了国外的教学管理模式，成为我国高等教育改革新的试验田。合作办学的项目普遍都以培养应用型、复合型、国际型人才为目标。北京一些合作办学的机构尝试把中等职业教育、普通中等教育与高等教育或高等职业教育联系起来，对教育教学体制以及办学体制进行改革。北京市高校合作办学的机构在我国进入全面建设小康社会的新时期，以其独树一帜的面貌推进我国高等教育国际化的发展，改变了我们固有的高校办学理念，让我们对现有的教育办学模式有更多的思考和反思，一定程度上引领了我国高等教育的改革和发展。我国加入 WTO 以后对复合型人才的需求也与日俱增，中外合作办学促使我们改变落后的思想观念，加快高等教育改革和高等教育国际化的步伐，使高等教育更好地为社会主义现代化服务。

经济全球化浪潮不断推动高等教育国际化的深入发展。经济全球化不仅为高等教育国际化预设了时代背景，而且为其提供了物质基础，提出了新的人才需求，推动了国际文化教育交流。高校是国家人才培养的摇篮和基地，在经济全球化的趋势下，培养国际型人才成为高校义不容辞的责任，而国际型人才需要开放的、国际性的环境。因此，中外合作办学应运而生，特别是在我国加入 WTO 以后，中外合作办学得到了更广阔的发展空间，办学规模不断扩大，办学模式也日益多样化。经过二十多年的发展，北京市高校中外合作办学经历了起步—成长—成熟的发展阶段，成为我国高等教育的重要组成部分。它在实践过程中形成了几种典型的合作模式，已经初具规模，彰显出国际水平，取得了一定的成绩。

北京市高校与国外其他高校开展了多层次的中外合作办学，充分利用国际资源，推进中外合作办学。二十多年来，北京高校中外合作办学规模逐步扩大、影响不断提升，也促进了北京市高等教育国际化的发展。北京市高校中外合作办学的事实成为我国其他地区中外合作办学的模范，同时也为我国社会发展创造了良好的社会效益和经济效益。在中外合作办学发展的这二十多年里，北京市涌现出许多高质量和极具特色的办学项目和机构，增加了我国高等教育供给的多样性和选择性。北京市有些中外合作办学机构还面向高考落榜生。在学生起点较差的情况下，老师积极鼓励学生，表现出极大的耐心和爱心，让学生在认知和素质上都得到了提升，给有志求学的人士提供了宝贵的学习机会。还有的北京市中外合作办学机构面向社会人士招生，对那些已经参加工作但是抱有进修理想的有志青年张开怀抱，针对许多在职人员设计课程，为希望进一步求学的人营造求学机会。这种不出国就能享受到的国际教育，为那些想出国深造的人提供了优质的教育。

4. 海外留学计划

高等教育国际化的一项重要任务就是输送在校学生赴海外留学，提高学生的国际视野和国际竞争力，帮助学生开拓创新能力。北京市高校不仅有国家公派出国的名额，还可通过中外合作办学输送大量学生去海外留学。北京市高校的办学层次和办学规模由此得到了大幅提升。在这样的时代背景下，高校学生在读期间或者毕业以后出国留学的机会大大增加，出国留学人数也快速增长。

我国近些年来大学生毕业人数大幅增加，就业形势严峻，这促使很多学生选择毕业后出国留学。在以前，中国的留学生可谓是“理智型的出国”，经过这几年的发展已经逐渐转化为“大众化的留学”。2007 年，据不完全统计，我国高校在校生中有 75% 的人表示，如果家庭经济条件允许的话，愿意出国留学。

有关调查显示，2000—2010 年这 10 年间，北京市高校的留学人数大幅增长。2001 年后，清华大学毕业生申请出国留学的人数保持在千人以上。同年，北京大学共有 950 多名学生选择在毕业后直接出国留学，这一数据接近北京大学毕业生总人数的 30%。而且这些留学生选择的专业也愈加明确，也相对集中，例如，2001 年，北京大学的毕业生中物理、化学专业的应届生有高达 87.5% 的比例选择出国留学；还有一些专业，如高分子化学与物理专业，甚至有近 90% 的毕业生选择留学。这些专业的集中性显示出出国留学的学生在专业选择方面更加明确。

2008 年，北京市教委组织课题组调查了 30 所北京市高校具有本科以上学历的学生在 2006—2008 年赴海外留学的学习情况。从 2006 年到 2008 年这三年间，北京市高校去海外留学的在籍学生呈现出逐年上升的趋势。这一趋势体现了经济一体化、全球化背景下复合型人才培养的思路得到了重视。但是，能够获得去海外留学的学生人数仍然有限，留学比例也仍然很低。

表 3-2　　2006—2008 年 30 所被调查高校学生海外学习总人数

年度	学生海外学习人数	占当年招生数的比例（%）	与上一年度相比的增长率（%）
2006	4378	4.10	—
2007	6554	6.11	49.7
2008	7487	6.85	14.2

由表 3-2 可见，北京市高校赴海外留学的学生人数与当年的招生人数比例相差还是非常悬殊的。2008 年有关单位对北京市 30 所高校进行了调查，这 30 所院校一共派出 7487 人，我们抽取派出人数前 10 名的高校作为制表对象，进行分析，表 3-3 显示，派出留学生人数第一的高校为

清华大学，派出人数为2092人，派出比例为29.7%，前10名的学校派出比例在5%以上。而其余未在表中显示的20所高校赴海外留学比例都在5%以下，最低派出比例的高校仅有0.3%。

表3-3　　2008年学生海外学习派出人数排名前10位的高校

排名	高校	学生海外学习人数	占当年招生数的百分比（%）
1	清华大学	2092	29.7
2	北京大学	2016	21.4
3	北京语言大学	203	14.9
4	华北电力大学	416	11.0
5	北京第二外国语学院	201	10.6
6	中国政法大学	265	7.2
7	对外经济贸易大学	226	6.8
8	首都师范大学	261	6.6
9	中国人民大学	371	5.8
10	首都经济贸易大学	174	5.2

对于本科生、研究生来说，其中赴海外留学的比例相差也是很大的，从表3-4中可以看出，有将近一半的本科生都享有出国留学的机会。但是，本科生基数庞大，所以实际上远没有研究生出国留学机会大。

表3-4　　2006—2008年赴海外学习的学生类别分布

学生类别	占学生海外学习总数的百分比（%）		
	2006年	2007年	2008年
本科生	48	44	50
硕士生	24	25	20
博士生	28	31	30

北京市高校派出留学生的项目种类繁多，由表3-5可以看出，交换学生的项目所占比例高居榜首，究其原因大多交换生项目可以互免学费，所以受到学生的欢迎。其他项目也发挥了积极作用。

表 3－5　　2006—2008 年学生海外学习项目类别分布

项目类别	占学生海外学习总数的百分比（%）		
	2006 年	2007 年	2008 年
交换学生项目	21	22	23
联合培养项目	7	16	17
实习项目	9	10	9
考察项目	13	9	9
其他项目	50	43	42

由表 3－6 可以看出，海外留学中，短期项目高居榜首，中长期项目所占比例偏小。这说明北京市高校的公派留学项目还要加大力度，大力支持中长期留学项目。这样能使学生更深入地学习，也能更广地了解别国文化，对我国人才的培养大有益处。

表 3－6　　2006—2008 年学生海外学习期限比较

海外学习期限	占学生海外学习总数的百分比（%）		
	2006 年	2007 年	2008 年
短期	60. 1	55	47. 1
中期	22. 5	23	29. 7
长期	17. 4	22	23. 2

注：短期是指一学期以下；中期是指一学期或一年以下；长期是指一年以上。

表 3－7　　2006—2008 年学生海外学习目的地分布

洲别	占学生海外学习总数的百分比（%）		
	2006 年	2007 年	2008 年
亚洲	37. 8	30. 6	27
美洲	23. 8	31. 7	35. 9
欧洲	35. 2	33. 1	32. 3
大洋洲	2. 9	3. 6	4. 4
非洲	0. 3	1	0. 5

从学生留学的目的地来看（见表 3－7），北京市高校派出留学生大都

集中在亚洲、欧洲和美洲，大洋洲次之，非洲最少。据统计，留学目的地排名中靠前的国家有美国、英国、法国、德国和日本等，这些国家都是发达国家。

表 3－8　　　　　　学生海外学习经费来源比较

经费来源	占学生海外学习总数的百分比（%）		
	学费	生活费	国际旅费
中国政府	16	16	17
本校	12	2	6
海外政府或学校	27	9	8
公司	4	4	1
自费	35	59	64
其他	6	10	4

由表 3－8 可以看出在学费方面，大部分以自费为主，留学生的生活费将近 60% 是自费的，社会各界对海外留学生的资助还是相对较少的。出国留学费用是一项很大的开销，所以这也是制约学生出国留学的因素之一。①

（三）人才培养模式国际化

当今世界，综合国力的竞争归根结底是人才的竞争，在我国大力实行人才兴国战略的今天，人才的培养成为重中之重。高校是培养人才的摇篮，为我国的社会主义建设输送了大量复合型、国际型的人才。21 世纪的今天，面临着全球经济一体化的趋势，培养国际化人才的重任更显突出。北京市高校运用国际化的教学理念，搭建出国际化的培养平台和模式，为培养具有国际化视野和知识能力的人才提供了良好的学习环境，推进高等教育国际化。

1. 培养目标国际化

高等教育是一项国际性的事业。高等教育国际化的重要目标是培养国

① 耿海萍、邱晓平、潘芳芳等：《北京高校学生海外学习调查及分析》，《高教发展研究》2010 年 11 月。

际化的人才，也就是培养目标的国际化。培养目标国际化是指高校在培养人才的目的上要达到国际化的标准。人才的培养需要政府的支持，国际型人才的培养还需要国际交流与合作。为了适应经济全球化发展的需求，国家出台了相关政策加强国际化人才的培养。

当今社会飞速发展，各个领域都发生了深刻的变化，世界各国都面临着激烈的国际竞争和新科技革命的挑战。我国在这种国际背景下，也提出了大力发展科技，坚持科技创新的战略。迅猛发展的科学技术已经成为经济和社会发展的向导。世界经济将进入一个以知识为基础、以现代科学技术为核心、以科技和教育高度发达为发展前提的知识经济时代。21 世纪的今天新一轮的科技革命席卷全球。我国也紧跟时代的步伐，积极融入这场科技革命当中。高新技术以前所未有的规模和速度向现实生产力转化。国际竞争越来越表现为科学技术的竞争，而科学技术的竞争归根结底是教育的竞争、人才的竞争，尤其是高层次人才的竞争。人才的培养尤为关键，教育国际化的目标就是培养高层次的，具有国际化视野的复合型人才。面对当前的国际形势，培养目标的国际化势在必行。我们不仅要从海外引进高层次的人才以壮大我国科技型人才的队伍，更重要的是自己源源不断地培养出高层次的人才，来建设我们的国家。

北京市政府在培养人才战略方面可谓是全国的领头羊。北京市高校每年源源不断地吸引着海内外的专家学者来京工作。在高校中，这些有识之士为培养学生贡献自己的力量。教师的优质保证了教学的优质，使其培养的学生能达到高标准的人才要求。北京市高校在培养目标国际化方面还注重课程设计的国际化，培养国际化的学生首先课堂要国际化。北京市高校积极引进国外优质课程以及管理体系，发挥首都优势，充分利用有利资源，使培养目标国际化。

2. 课程设置国际化

课程设置的国际化是高等教育国际化的重要内容。课程设置国际化就是要在课程设置方面力求增加国际化的课程，使国际化课程在课程设置中占到一定比例。无论是教材的引进、课程的安排，还是教学手段、学习模式、学生群体等都要向国际化的方向发展培养。高校的课堂要跟上时代的潮流，跟进国际化的步伐，迎头赶上，不能墨守成规。

当今社会科技飞速发展，信息的更新日新月异，稍不留意我们就会落在时代的后面。科技飞速发展也促进了高等教育国际化的步伐，这就要求高校老师具有国际化的视野、国际化的素质，设计出具有国际化特色的课堂教学，使教学目的国际化。只有这样，高校才能真正拥有一个国际化开放的课堂，学生才可能具有国际化的视野，国际化的意识。

课程设置的国际化其灵魂是课程体系。只有课程体系完全国际化才能使教学环节国际化。课程的先进与落后直接影响到高校的发展与成长。在国际化的课程体系下培养出来的学生才是真正意义上的国际人才，其素质也会大幅提升。高校课程目标的国际化深刻反映出一所高校所具有的办学理念，例如在办学中要勇于创新，打破陈规。

近几年，北京市高校积极引进国外优质课程，解放思想、标新立异，用先进的思想和理念打造高校的品牌课程，并且在引进国外课程的同时积极加入中国元素，把我们民族的优秀文化也融入其中，使北京市高校在实现国际化的同时具有民族元素。

（四）交流平台国际化

1. 搭建学生出国交流平台

平台对于学生来说尤为重要，如何搭建国际化的交流平台成为高等教育国际化的重要任务。很多学生出国后自发地组织起来一起交流，但是并没有官方的组织来领导此事。近几年北京市高校整合资源，努力搭建国际化交流平台，定期开展出国讲座以及相关论坛活动，加大宣传力度，让学生了解出国学习的优势，吸引更多学生加入其中。交流平台还加强对学生的管理，适时为学生提供帮助，并对学生简历进行跟踪式的记录，以便了解学生出国后的情况。现在交流平台逐渐国际化、科学化、合理化、人性化。

2. 搭建信息化平台

21世纪是信息爆炸的时代，是科学技术迅速发展的时代。高校要抓住信息发展的契机，利用媒体网络资源，帮助学生搭建信息化平台，在网络、媒体中宣传、交流学习经验和工作信息。北京市有些高校已经开始建设信息平台，有些高校的信息平台已经非常成熟，在学校的网页中建立出国留学专区、海外板块等，方便师生进行数据检索，同时学生和老师也能很好地在这样的平台中互动交流。高等教育国际化需要搭建这种信息平台。

（五）评价体系国际化

高等教育国际化不仅体现在以上几个方面，评价体系的国际化也尤为重要。一个好的评价体系可以帮助国际化人才的培养，激励老师、学生共同努力，在学习、工作中更好地表现。建立国际化评价体系的关键是多元化。例如要实现评价体系功能的多元化、主体的多元化、角度的多元化、方式的多元化、标准的有别化等。对学生和老师进行多角度、全方位的衡量，减少偏颇，与国际接轨，实现高等教育评价体系的国际化。

北京市高校近年来积极建立科学的教师评价体系、学生评价体系、课程评价体系等，有甄别地吸取国外先进的评价体系，并结合我国的实际情况，完善高校的评价体系。

（六）学术交流国际化

高等教育的国际化是一个开放的概念，其中学术交流尤为重要。搭建国际化的学术交流平台对我们十分重要。国际学术会议是学术交流的重要渠道。许多学术观点都是在学术会议上相互碰撞，臻于完善的。尤其是国际学术会议汇集了世界各地本领域的专家学者，中西方文化在此碰撞出火花，学术观点一齐绽放。国际学术会议具有多边性、广泛性、前瞻性、创新性、引导性、体制性等特点。国际学术会议是高等教育国际化的重要表现形式，也是其重要实现手段。在经济全球化的今天，我国不仅派优秀学者去海外参加学术型会议，还在国内举办国际型的学术会议，积极吸引海内外专家来华参会。

北京市高校近些年来积极举办国际会议，并且取得了丰硕的成果。海内外专家学者在会议上激烈讨论，互相切磋，智慧的光辉在会议中闪耀，头脑风暴一次次撞击出灵感的火花。北京市高校举办国际学术会议是其在行动层面面向高等教育国际化的重要举措。在经济一体化、科技信息爆炸的今天，国际学术会议显然成为国际交流不可替代的角色。国际会议这一学术平台为北京市高等教育国际化提供了丰富的资源。

高等教育国际化需要历经一个漫长的过程，不可能一蹴而就。在全球经济一体化、世界趋同的历史潮流下，北京市高等教育国际化正在以润物细无声的方式浸润着高等教育的发展。经过多年的努力，北京市高等教育国际化已经迈向了新的高度，其民族化、本土化的成分在经济全球化的浪潮下逐渐降低。北京市政府采取多种政策措施扶持高等教育国际化，逐渐放宽管理。在北京市这座国际化的大都市中，高等教育国际化势在必行。它将使我们本民族的高等教育健康发展，使北京市高校放眼全球，走向世界，从而适应我国社会主义现代化建设的步伐。

第二节　云南省高等教育国际化

一　云南省教育国际化的历史机遇

（一）云南高等教育国际化概况

云南省地处中国西南部，毗邻东南亚诸国，与缅甸、越南、老挝接壤，与泰国、越南、缅甸、老挝、柬埔寨五国共享一条澜沧江。作为一个地处中国西南边陲的省份，云南省的高等教育发展相对较晚，其高校数量、办学层次、教学力量等方面均与北上广深等一线城市及东部地区有着较大的差距。但其独特的地理位置、气候环境和多民族共生的自然人文环境有着独特的吸引力。随着国家经济的发展、对外开放政策的确立，云南省从内陆边疆省份转变为面向南亚、东南亚的改革开放前沿地带。云南省高等教育也获得了快速发展的动力，加大了与国外的合作交流，高等教育国际化程度日益加深。

1995年以来，云南省抓住国家发展高等教育的历史时机，加快了高等教育发展的步伐，通过调整、合并、提升等多种途径，形成了高等教育的新格局。云南高校在国家政策和地区政策的共同推动下，以培养具有国际视野的人才为目标，引进了国外师资和教育资源，加强国际性的学术交流和科研合作，开拓了多重国际化人才培养模式。云南省还依托地缘优势，在留学生教育方面取得了巨大的成绩，当前共有28所大学获得留学生招生资格，留学生招生人数逐年提升，境外办学也获得了可喜的进步。截止到2013年，云南省在境外承办孔子学院5个，在云南省各高校学习的留学生总人数突破3万人。①

云南省高等教育的发展，得益于国家发展高等教育、加强国际交流与

① 《在滇留学生首超3万人》，《人民日报海外版》，2014年2月25日第2版。

合作以及西部大开发的举措，也受益于云南省的“西南桥头堡”战略定位。云南各高校与东南亚和其他国家的教育合作快速增长，教育国际化逐渐成为云南高等教育发展的发动机。以此为契机，云南高等教育在人才培养的数量与质量方面均获得了巨大的提升。

（二）高等教育国际化赋予云南发展机遇

在全球经济一体化的现代，高等教育国际化成为发达国家改革和发展高等教育的共同抉择和普遍战略。欧美国家早在20世纪就提出了教育国际化的战略目标。日本则在1974年就提出“国际化时代的日本教育和对策”。20世纪80年代初，美国已经意识到教育国际化是所有高校都必须面临的一个重大挑战。1992年，美国一些著名大学的校长共同研讨美国高等教育面临的国际挑战问题并提出“国际化已成为高等教育所面临的关键性问题”。经济合作与发展组织在1993年和1995年两次召开高等教育国际化会议，认为“高等教育国际化已从边缘逐渐变成了高等学校管理、规划、培养目标和课程的一个中心因素”。中国也在20世纪90年代以后提出了建设世界一流大学的目标，进一步促进了高等教育国际化的进程，有力地推动了高等教育的现代化。

教育国际化既是被动地接受，也是主动地选择。在世界扁平化、全球经济一体化的时代，教育国际化是中国高校必须面对的问题。师资、生源、课程、教学方法、科研等，都必须在全球视野中与世界高校合作、竞争，没有一个高校可以偏居一隅。顺应教育国际化的发展，我国将教育目标设定、师资引进与培养、教材编订与选用等各个方面都放在国际化的平台上进行设计。我国教育国际化的具体成果主要体现为：20世纪90年代提出了建设世界一流大学的目标；国家提供留学基金资助高校教师赴国外进修，引进国外高水平人才；与国外高校合作培养学生，引进国外教材和培养计划；同时也加强了汉语国际推广。

在这种背景下，云南高校也选择利用自己的地缘优势、学科特长，在全球化的洪流中加快了国际化参与的步伐。教育国际化为云南省的高等教育提供了国际视野，提供了全球化的师资引进平台和生源渠道，提供了国际化标准的人才培养参照，从而成为云南省高等教育发展的机遇。

（三）云南省高等教育国际化的地缘优势

云南省地处中国西南边陲，与老挝、缅甸、越南接壤，与东南亚、南亚国家具有紧密的地缘联系、经济来往和文化共性，是中国面向东盟的门户枢纽。它的资源优势辐射东南亚和南亚，云南具备强大的吸引力和竞争力。

澜沧江从云南南部流出我国国境后，流向泰国、越南、缅甸、老挝、柬埔寨等。澜沧江—湄公河（东南亚地区）流域涵盖了6个国家，总流域面积达81.1万平方公里。这一区域也称为"大湄公河次区域"（Great Mekong Subregion，简称GMS）。

1992年，亚洲开发银行倡议发起了GMS合作机制，以期进一步促进湄公河沿岸各国进一步密切经济联系与合作，减少贫困状况，将大湄公河次区域建设成一个繁荣、公开、更加密切融合的共同体。云南省凭借着独特的区位优势，代表中国参与GMS合作机制，成为推动大湄公河次区域合作的主体和前沿。随着合作进程的持续推进，GMS 6国逐渐加强互信，拓展合作领域，形成发展合力，而培养、储备各领域人才成为发展的基础，东南亚范围内的国际化教育获得发展的重要机会。[①]

除了边境接壤、流域相连之外，云南省所毗邻的还是一个拥有包括印度尼西亚、马来西亚、菲律宾、新加坡、泰国、文莱、越南、老挝、缅甸、柬埔寨等10个国家和5亿人口的东南亚国家联盟（简称"东盟"，Association of Southeast Asian Nations，ASEAN）。2002年11月4日，《中国与东盟全面经济合作框架协议》签署，自贸区建设正式启动。2003年10月7日，中国国务院总理温家宝出席第七次东盟与中日韩（10+3）领导人会议，签署《东南亚友好合作条约》，中国成为首个加入该条约的非东盟国家。云南省也成为中国面向西南发展的桥头堡。

（四）云南省高等教育国际化的政策机遇

1. 国家教育政策利好

2010年7月颁布的《国家中长期教育改革和发展规划纲要（2010—

---

① 刘寒雁：《云南省与大湄公河次区域五国高等教育国际竞争力发展战略比较研究》，《云南农业大学学报》（社会科学版）2009年第6期。

2020)》明确提出：加强国际交流与合作，坚持以开放促改革、促发展，开展多层次、宽领域的教育交流与合作，提高我国教育国际化水平。

2. 云南“走出去”战略

2006年7月8日，云南省委省政府联合颁发文件《中共云南省委云南省人民政府关于加快推进高等院校实施“走出去”战略，提高高等教育国际化水平的若干意见》（云发［2006］11号），[①] 为云南省高等教育国际化提供了指导思想、原则和目标。

“走出去”战略调动了云南高校的积极性和创造性。高校挖掘各自的特色和优势，拓展与国际一流大学和教育研究机构的合作，与云南周边东南亚、南亚国家的合作与交流更是被明确提到首要地位。云南高校充分发挥云南的区位优势，利用国际国内两个市场、两种资源，提高教学质量，面向国际市场培养人才，提升云南高等教育在全国和周边国家的知名度，拓宽教育国际化道路。“走出去”战略中“走出去”与“请进来”两个支点相结合，到“十一五”规划末期，“与国外高等教育机构交流与合作进一步深化，全省多数高等院校与国外，特别是东南亚、南亚国家高等院校建立长期、稳定的合作关系；将云南建成面向东南亚、南亚重要的人才培养基地，留学生规模进一步扩大，各类长短期在滇外国留学生人数达到12000人以上，在滇的东南亚、南亚留学生数量在全国处于领先地位，云南派出留学人数达到3000人以上；对外汉语教学和汉语国际推广力度进一步加大，全省高等教育国际化水平显著提高，在东南亚、南亚有重大影响力和竞争力。”[②]

该意见还就云南高等教育国际化在未来的重点工作进行了部署：尽快编订“走出去”战略“十一五”规划；重点扶持和建设10个左右较高水平的国际人才培养基地和一批对周边国家政治、经济、文化进行专门研究的科研院所，力争把云南建设成在全国和东南亚、南亚具有较大影响的国际人才培养和研究基地；以高等院校为龙头，大力推进“走出去”战略的实施，在东南亚、南亚设立10个左右以传播中华传统文化和提供汉语国际推广为主的孔子学院和一批中国语言文化中心，积极引进各类优质教

---

① 《关于加快推进高等院校实施“走出去”战略的若干意见》，《云南日报》2006年7月12日。

② 同上。

育资源开展中外合作办学，提高对外汉语教学水平；发挥高校的带头作用，大力开展东南亚、南亚国家的职业教育合作，推动各类职业学校发挥优势，各展特色，灵活多样地参与到“走出去”战略中，根据周边国家人才需求，建设一批职业学校，设置一批特色专业。在具体实施方面，则要加强课程建设、强化师资队伍建设、引进国外智力、提高管理水平、扩大对外合作与交流、多方筹资加大投入、做好留学选派等。

“走出去”战略对于云南高等教育的国际化产生了重大影响。云南高等教育国际化的发展在发展动力、方向、资金等方面均得益于这一政策。

3. 西南开放的重要桥头堡规划

2009 年 7 月，胡锦涛考察云南时明确指出，要把云南建设成中国面向西南开放的桥头堡。2011 年 5 月，国务院批准并出台了《国务院关于支持云南加快建设面向西南开放重要桥头堡的意见》，将云南省明确进行定位，是我国向西南开放的重要门户，是我国沿边开放的实验区和西部地区实施“走出去”战略的先行区，是西部地区重要的外向型特色优势产业基地，是我国重要的生物多样性宝库和西南生态安全保障，是我国民族团结进步、边疆繁荣稳定的示范区。

我国充分认识到教育国际化的发展趋势，国家教育政策对此进行了加强对外合作与交流的定位。云南省在国家政策的指引下确定了对外开放实施的“走出去”战略，而国家对云南“西南桥头堡”的定位又为云南省经济与文化发展、对外合作注入了发展动力。

在这种政策背景下，云南省加快了高等教育国际化步伐，提高国际化水平，积极引进和培养高水平的国际化人才。毕竟，建设一支具有国际视野、通晓国际规则、能够参与国际事务与国际竞争，特别是了解和熟悉东南亚、南亚国家经济、文化、政策、法律的高层次人才队伍，才能应对国际化的合作与竞争。

二　云南省高等教育国际化现状

在高等教育国际化的大背景下，云南省高等教育在办学理念方面逐渐取得了共识，培养面向东南亚的国际化人才成为云南高等教育国际化的突破口。云南各高校借助政策机遇，打造具有国际视野、海外教育背景和高水平教学能力的师资团队，采用国际化的课程设置，培养来自五湖四海的学生，使其成为具有跨文化背景的国际化人才，尤其是具有东南亚视野的国际化人才。云南大学成立了“中国—东盟自由贸易区研究中心”，云南师范大学成立了“澜沧江—湄公河次区域人才资源开发中心”，云南民族大学也成立了“中国—东盟语言文化人才培养基地”。

21 世纪以来，云南省高等教育国际化快速发展。截止到 2013 年 6 月 21 日，云南共有高校 60 所，其中本科院校 22 所，专科院校 38 所[①]，其中共有 28 所大学获得留学生招生资格。自 2004 年开始，云南省就不断对外输送汉语志愿者，以满足周边国家对汉语人才的需求。除此之外，云南省几乎每一所高校均以不同方式开展校际交流与合作，在境外承办孔子学院 5 所并开办孔子课堂若干。多数高校都有国际化师资培养或引进计划，省内一些重点高校开设了中外合作专业，引进了国际课程和学业成就评价体系。云南省高校还以承办或参加国际学术会议、合作开展学术研究为契机，拓宽研究视野，提高教育质量。

（一）师资团队国际化

培养国际化的人才，需要具有国际一流水平的师资队伍。为了加强师资力量，提高教学水平，云南省各高校采取了海内外引进、全球招聘、派出进修、派教师赴国外教学等方式，打造了高水平的师资团队。

1. 人才引进（全球招聘）

2000 年到 2005 年，云南省高校共聘请外国文教专家 1400 人次，学科专业从过去单一的语言类扩大到当地需要的各类学科与专业。2009 年以后，师资质量提高工程又迈上了新的台阶，具体措施如下。

（1）2009 年 4 月，云南组织开展了“百名留学博士云南行活动”，探索人才引进的新模式。

（2）“百名海外高层次人才引进计划”。2009 年 6 月 17 日，云南省省长秦光荣宣布，将用 5 年到 10 年时间，引进 100 名左右能够突破关键技术、发展高新产业、带动新兴学科的高层次人才。

（3）全球招聘计划。2010 年 6 月，云南梳理了 98 个事业单位的 1006 个岗位，面向海内外公开招聘高层次人才。

---

① 来源于中华人民共和国教育部网站，http：//www. moe. gov. cn/publicfiles/business/htmlfiles/moe/moe_ 229/201306/153565. html。

2. 海外培养

云南省借助国家公派留学项目、西部地区人才培养特别项目、云南省公派出国留学项目等，派出高级研究学者、访问学者和青年骨干教师赴国外高水平大学或科研机构从事课题研究或合作交流，为云南省培养拔尖创新人才和各类紧缺专业人才，对云南省完善创新人才培养体系发挥了重要作用。除此之外，云南省各高校也采取多种方式派出教师赴海外研修，提高师资水平和教学能力。

（1）国家公派留学项目及西部地区人才培养特别项目。国家公派留学是我国人才强国战略的重大举措，是根据我国现代化建设发展需要选拔优秀人才出国深造的一条重要途径。国家公派留学一般派往科技教育发达的国家和地区的知名院校。云南省各高校也积极参与申请，通过这一渠道派出人才进行海外培养。

西部地区人才培养特别项目（以下简称西部项目）是国家留学基金管理委员会（以下简称留学基金委）经教育部批准设立的特别项目。该项目是为配合国家西部大开发战略，加快我国西部地区急需人才和高层次人才的培养，支持地方经济、社会和教育、科研事业的发展特别设立的。

西部项目立足于选派西部急需专业人才，以加大西部地区人才培养力度，促进西部地区教学、科研和产业的跨越式发展。该计划惠及云南高等教育，对于云南的高等教育师资质量提高起到了决定性的推动作用。自2006年至2008年，云南省每年通过西部地区人才培养特别项目选派赴外进修的人数稳定在80人左右；2009年增加了10名，2009年至2013年，每年选派人数稳定在90人左右。

（2）云南省公派出国留学项目。云南省地方公派出国留学项目是云南省政府及相关教育职能部门为配合国家经济和文化发展，结合云南省自身教育与经济发展的特殊情况而设立的留学项目，旨在鼓励各单位及相关人员加强与国外先进科学技术与思想的交流。这个项目2008年至2010年每年选派人数在50人左右，2011年选派40人左右，2012年选派35人左右，2013年选派120人左右。

（3）各高校国际化人才培养。云南各高校除了借助国家公费出国项目和云南省公派出国留学项目培养高层次人才，也各自开拓渠道加大力度支持教师海外进修、参会、科学研究等。

2009年和2010年间，云南大学共派出赴海外进修、参会、研究的教师435人次，完成了国家留学基金资助出国留学项目、西部地区人才培养特别项目、青年骨干教师出国研究项目、云南省地方公派出国留学项目、国家公派研究生专项出国留学项目、出国（境）培训项目等多个项目的申报与派出工作。两年共聘请长短期外籍（境外）专家164人次，并于2010年首次聘请美国富布莱特专家到校讲学。2011年云南大学成为首批列入教育部地方“111计划”和国家外专局“千引工程”的地方院校之一。

云南师范大学设立国际交流基金，鼓励教师参加高水平国际会议，启动双语教师培训项目，推动双语课程建设，每年选派10—20名青年骨干教师定期出访，引进一批高学历、高层次的留学人才，逐步实现教师队伍的国际化。

昆明理工大学采取“内培”“外引”，着力加强队伍建设。到目前为止，共引进博士70人，正高9人。现有在职教职工1700多人，其中，专任教师1000多人；博士和在读博士140多人；教授及其他正高职称人员85人，副高429人。专任教师中，副教授及以上职称的比例达到40.4%，博士和硕士的比例达到51.04%。有省级教学团队5个，省级名师工作室5个，省级教学名师11人，二级教授1人，以及一批国家级、省市级有突出贡献专家和学术带头人。

云南广播电视大学教学骨干已有100多人到泰国素可泰开放大学接受培训；昆明冶金高等专科学校与老挝占巴塞大学进行人才交流。

云南林业职业技术学院先后派教师到日本进行木材加工学习及参加插花艺术交流。

3. 人才输出

云南高校自2004年起不断向东南亚地区大量派出汉语教师和汉语志愿者，为当地培训汉语人才。云南大学和云南师范大学成为支持周边国家汉语教学的重点大学。云南大学与泰国宋卡王子大学合作成立了中国语言文化中心，云南师范大学与泰国清迈大学合作建立了孔子学院。

（二）生源国际化

国际化人才的培养，生源与培训场地的国际化是核心要素。教育国际化洪流中，云南省采取多种方式招生、参与交流与合作，在吸引来华留学生、海外汉语推广、中外合作办学和中国学生赴海外留学方面都取得了重大进步。

1. 来华留学教育

吸引海外留学生和东南亚留学生来华学习，是云南高等教育国际化的重要组成部分。

云南绝佳的地理优势，对东南亚和南亚学生具有巨大的吸引力。与周边的缅甸、老挝、越南等国相比，云南省的医药学、农业、冶炼和机械专业具有优势，这些专业吸引了大批留学生。

中国政府设立了一系列奖学金项目，资助世界各国学生、学者到中国高等学校学习、进修和从事研究活动，以期发展中国与世界各国在教育、科技、文化、经贸等领域的交流与合作，增进中国人民与世界各国人民的相互理解和友谊。孔子学院总部设立了“孔子学院奖学金”，鼓励世界各国学生、汉语教师来华学习和研究汉语言文化。云南省也针对周边国家留学生设立了省政府奖学金，以培养澜沧江—湄公河次区域合作所需人才。该项目初定每年奖学金 180 万元，招生 60 人。各高校也推出了配套的奖学金计划，提高了对留学生赴云南学习的吸引力。

云南省留学生教育获得了巨大的发展，赴云南学习的留学生规模和学历层次均有较大提升，各高校的留学生教育事业也蒸蒸日上。

留学生数量逐年递增，规模不断扩大。根据教育部公布的数据，2003 年云南省的留学生仅为 1818 人，而到 2011 年云南省的留学生人数为 8125 人。2013 年，来到中国云南的留学生人数突破 3 万人。①

留学生的层次逐年提升。学历生占比逐年提升，2007 年留学生总人数为 5721 人，其中学历生 1859 人，占 32.5%，非学历生 3862 人，占 67.5%；2011 年留学生人数 8125 人，其中学历生 3212 人，占 39.5%，非学历生 4913 人，占 60.5%。

以云南师范大学为例，1999 年云南师范大学招收的留学生仅有 85 人，2011 年这个数字扩大到 1642 人，增长了近 20 倍，学生来源国也扩展到 48 个国家和地区。留学生的教育层次涵盖了非学历教育与学历教育。非学历教育包括短期培训、长期语言生等，学历教育则覆盖了从本科到研究生各个阶段。目前，学校有学历留学生本科生 472 人，研究生 165 人。

在留学生教育方面，云南师范大学、云南大学、云南财经大学和云南

① 《在滇留学生首超 3 万人》，《人民日报海外版》2014 年 2 月 25 日第 2 版。

农业大学居全省前列。

2. 海外汉语推广

地缘优势促使云南省处于汉语推广事业的前沿。云南高校除了面向海外招收留学生以外，也加入了汉语海外推广的行列，与多所国外大学合办孔子学院和孔子课堂。截止到 2013 年，云南省高校共承担了 5 所孔子学院和国外教学点的建设，分别是：云南大学与孟加拉南北大学合办的孔子学院、云南大学与伊朗德黑兰大学合办的孔子学院、昆明理工大学负责的瑞典孔子学院、云南师范大学与越南河内大学合办的孔子学院、云南师范大学与泰国清迈大学合办的孔子学院、云南民族大学与斯里兰卡凯拉尼亚大学合办的孔子学院。另外，云南财经大学与缅甸仰光经济学院合办商务汉语中心；云南大学在缅甸曼德勒开设了福庆孔子课，在老挝、泰国、越南设立了国外办学点；云南师范大学在美国、泰国、越南设立了孔子课堂或汉语中心；云南民族大学还先后在老挝、泰国、缅甸、尼泊尔、波兰等国家合作建立了 9 个“汉语国际教育中心”。

3. 中外合作办学

中外合作办学是教育国际化的重要体现之一。依据《中华人民共和国中外合作办学条例》，中外合作办学是指外国教育机构同中国教育机构在中国境内合作举办以中国公民为主要招生对象的教育机构从事教育活动。云南高校与国外其他高校开展了各种层次、多种模式的中外合作办学，通常情况下，中方引进外方师资、教材和评价方式，双方共同颁发学历学位证书。有些项目则采用了“X + X”的办学模式，即学生在中国某大学和国外某大学分别学习一定的时间，大学双方互相承认对方的学分或者经过学分转换，学生修满一定的分数即可获得双方颁发的相应的学位证书。

云南省经国家教委批准的本科层次的中外合作办学项目有 5 项，分别是：云南财经大学与美国库克大学合作举办国际经济与贸易专业本科教育项目、云南财经大学与澳大利亚查尔斯特大学合作举办会计学专业本科教育项目、云南财经大学与英国爱丁堡龙比亚大学合作举办金融学专业本科教育项目、云南师范大学与澳大利亚皇家墨尔本理工大学合作举办动画专业本科教育项目、云南师范大学与澳大利亚格里菲斯大学合作举办社会体育指导与管理专业本科教育项目。

除此之外，云南省高校还与国外其他高校开展了不同层次的中外合作办学，详情见表 3 – 9：

表3-9

中方大学	合作机构	外方大学	合作专业	合作模式	开办时间
云南大学	国际交流事务所	马来西亚亚太科技大学、马来西亚沙捞越大学	英语、室内建筑设计、会计、商业行政、市场营销、国际商业、旅游管理、商业资讯科技、软体工程及多媒体	本科层次“1+3”学士项目	2008年起
云南师范大学	东南亚国际学院	泰国南邦皇家大学、斯万素南塔皇家大学、清迈皇家大学、清迈大学，越南胡志明师范大学等	旅游管理与服务、国际经济与贸易、对外汉语教学	本科层次“2+2”“3+1”学士项目	2003年起
	外事处暨国际语言文化学院	泰国	泰学、国际学	本科层次“1+3”“1+4”学士项目	2005年起
	云南师范大学国际学院	澳大利亚皇家墨尔本理工大学	动画专业	本科项目	
		澳大利亚格里菲斯大学	社会体育指导与管理专业	本科项目	
云南民族大学	东南亚语言文化学院	泰国清迈北部大学、马来西亚世纪学院、老挝琅勃拉邦苏帕努翁大学等	泰国语、越南语、缅甸语、老挝语、柬埔寨语	本科层次“3+1”“2+2”学士项目	2003年起
	云南民族大学—新加坡莱佛士学院	新加坡莱佛士学院	市场营销、企业管理、会展管理、旅游酒店管理	本科层次“4+0”学士项目	2008年起

续表

中方大学	合作机构	外方大学	合作专业	合作模式	开办时间
云南农业大学	国际合作交流处	越南荣市大学		本科层次“2+3”学士项目（前2年在越南，后3年在中国）	2005年起
		荷兰瓦赫宁根大学		本科层次	
		英国伍尔夫汉普顿大学		硕士	
		英国胡弗汉顿大学		本科生“2+2”“3+1”交换项目，专科生“3+1”交换项目、硕士生“4+1(1.5)”交换项目等	
		法国里尔大学		硕士	
西双版纳职业技术学院	语言文学系	泰国清莱皇家大学、南邦国际技术大学、远东大学，老挝国立大学等	应用泰语、老挝语专业	本科层次“2+2”“1+3”模式	2004年起
云南经济管理职业学院	国际合作交流处	泰国东亚大学、泰国皇家理工大学	国际贸易、旅游管理	本科层次“3+2”“3+2.5”学士项目（先在国内取得专科文凭）	2007年起

续表

中方大学	合作机构	外方大学	合作专业	合作模式	开办时间
云南财经大学	东盟学院	越南、泰国	越语、泰国语		
		美国库克大学	国际商务、国际会计、国际商务英语、项目管理		
		澳大利亚查尔斯特大学	国际会计、国际金融、理财学		
		英国爱丁堡龙比亚大学	金融服务		
		英国格林威治大学	房地产项目管理	硕士	
昆明理工大学		美、英、加、澳大利亚等		“2 + 2” 双学位项目	
		瑞典布莱金厄理工学院		“3 + 1” 双学位项目	
		瑞典威斯康辛大学		2+2 入读名校项目等	

除了中外合作办学项目以外，各大学多方位地参加校际交流合作，探索推进国际化的有效途径。

昆明理工大学积极开展国际范围内的校际交流合作，先后与美国、英国、澳大利亚、新西兰、日本、泰国、芬兰、新加坡、马来西亚等 20 多个国家的大学开展交流，在若干领域签订了合作协议，并互派师生交流。

云南民族大学近几年先后与美国、巴西、英国、韩国、泰国、越南、尼泊尔、斯里兰卡等国家及港、澳、台地区的 30 余个院校和机构建立了稳定的教育合作关系，开展合作培养学生的项目。

云南林业职业技术学院发挥自己园林园艺优势，于 1997 年成为中国—荷兰 FCCD 项目的指定培训中心，先后承办了各类研讨班/会和专业培训班40多个，培训学员1000多名。2008年，学院与韩国国立木浦大学、顺天大学签署了合作协议，该校应届毕业生可免试到韩国插班就读本科。

云南国防工业职业技术学院先后与美国、澳大利亚、加拿大等国外院校建立了良好的合作关系，如与美国丹佛大都市州立学院开展教师交流、学生互访等合作，与澳大利亚启思蒙学院合作办学，与加拿大枫华国际教育投资集团签订合作办学协议，还招收老挝公派留学生。

云南师范大学与泰国、澳大利亚等国大学合作开设了一批办学项目，为云南培养了一大批高层次的英语教学科研人才。

云南财经大学与美国、澳大利亚、英国合作办学项目也非常成功，笔者将在本节第三部分详述。

4. 海外留学计划

云南出国留学人数逐年攀升，据不完全统计，目前每年大概有5000人出国留学。根据云南国际教育博览会现场观众调查数据统计，学生咨询出国留学比例由2011年的35%上升到2013年的64.59%。

（三）人才培养模式国际化

1. 培养目标国际化与区域化

在高等教育国际化浪潮下，最终的培养目标是国际化人才。国际化人才是指“具有国际意识和胸怀以及国际一流的知识结构，视野和能力达到国际水准，在全球化竞争中善于把握机遇和争取主动的高层次人才”①。云南省在制定国际化人才培养目标时，既注重国际化人才的普遍特性，又注重国际化人才具备云南与东南亚政治、经济、文化、社会多重交互的适应性。在这种理念支持下，云南省高校在课程设置、质量控制、评价体系等方面既注重一流国际化人才能力的培养，又因地制宜设计了“面向东南亚国际化人才培养”计划，致力于培养应用型和专业化兼备的国际人才。

2. 课程设置国际化

云南高校课程设置的国际化主要体现在两个方面：一是国际性专业的设置，二是课程配置的国际化。

---

① 毛毳：《国际化人才培养策略探析》，《佳木斯大学社会科学学报》2012年第1期。

在专业设置方面，云南省高校一方面通过中外合作方式，开设国际经济与贸易、会展管理、酒店管理等专业，培养了解别国经济、熟悉国际贸易和法规的人才；另一方面则加大力度开设小语种专业，如泰国语、老挝语、越南语、缅甸语等，培养精通东南亚语言的国际化人才。

在课程配置方面，云南省高校开展的中外合作办学项目重视校际课程的衔接，采取国外合作院校引进课程与本土课程相结合的方式。在教材的选用上，部分院校采用与国外合作方院校同步的教材。考虑到英语在世界范围的通用语地位，一些学校也选用了国际通用的英文原版教材，引进外籍教师讲授相关课程。学生除了具备专业能力以外，同时也具备了熟练运用英语、泰语等外语沟通的能力。

课程设置的国际化还体现在跨文化交际课程的开设。为了培养具有东南亚特色的国际化人才，一些大学开设课程介绍东南亚文化，比如云南师范大学开设了泰学、国际学课程。

在教学组织方面，云南高校逐步借鉴西方发达国家的教学课堂组织和学业评价体系，进而与国外高校在学科课程和学习程度的等同性上达成共同协定，进行学分转换。以云南财经大学为例，学院引入国外多样化的教学方式，积极引导学生参与课堂讨论、小组作业、团队合作；在对学生的考核方式上，严格控制教学环节；在培训、课堂考勤、学籍管理、考试管理、教师考核、学生意见反馈等方面，均制定了与国外同步的、完善的规章制度，以确保教师及学生在整个学习期间的教学规范性；平时考勤、作业、课堂参与、论文、小组陈述、项目调查、体验式学习、期中期末考试等都是学科成绩的构成部分，结合社会实践教学，评定学业成绩。

云南高校还开创了“国内 + 国外”的实践教学模式，进一步加深了教育的国际化。云南大学、云南师范大学等高校与东南亚国家的大学共享教学资源，学生在国内、国外分别学习一定的时间，既能够掌握一门专业知识，又具备熟练使用英语和东南亚国家小语种两门外语的能力，而且可以同时获得国内外两所大学的毕业文凭。而有些高校则在国外建立实习基地，直接参与国际化教学实践合作，比如西双版纳职业技术学院和玉溪师范学院在泰国北部建立了相关专业学生的实习基地。

（四）学术交流国际化

云南高校重视国际学术交流，通过参与或组织国际学术会议、开展国际科研合作提升学术水平。云南高校借助自身的学科优势，积极参与国家间尤其是与东南亚国家间的科研合作。云南省高校的科研优势主要在生物、软件、材料、语言、农业发展、医学、地理信息系统、矿产资源等领域，而这些领域正是与云南合作紧密的老挝、缅甸、泰国、越南、柬埔寨等国近期内的绝大部分科技需求。云南高校在与周边东南亚国家的交流合作中具备一定优势。

云南大学先后与美、英、俄、日、澳等20多个国家和地区的50多所高等院校、研究院所建立了不同层次的交流关系，派出了200余人赴国（境）外进行学术交流、合作研究，成功举办10余次大型国际学术会议。2011年，举办了首届"回儒文明对话论坛"国际学术研讨会。2013年，举办了缅甸农业发展与中缅农业合作研讨会和中美陆生热泉生命合作研究双边研讨会。2014年，举办了"昆明英国周"当代文学学术研讨会。

云南农业大学与周边国家10余所大学和科研机构开展了实质性项目合作：与印度、泰国和越南合作，向联合国粮农组织亚洲地区植物保护署申请联合开展"东南亚作物病虫害信息系统"合作研究；与菲律宾水稻所合作，向亚洲发展银行成功申请"水稻病虫害持续控制"项目。云南农业大学还主持了20余项国际合作科研项目。聘请了近200名国内外具有较高学术造诣的院士和专家担任客座教授，促进了学校教学科研水平的提高。

昆明学院积极承办"昆明科学发展高层论坛""滇池泛亚合作战略研究"和"国际水历史学会2012年国际区域会议"等国际会议和重要论坛。

云南民族大学拥有三个有特色、有影响的研究机构："云南省东南亚南亚西亚研究中心""云南省民族文化研究院""云南藏学研究中心"。此外，云南省哲学社会科学重点研究基地"云南跨境民族宗教社会问题研究基地"也设在云南民族大学。该校还先后承办了"第三届繁荣发展民族院校哲学社会科学高层论坛""2011中国社会发展高层论坛""海峡两岸'中西哲学与文化多样性'学术研讨会""第六届云南论坛——'桥头堡'建设与云南经济社会科学发展""边疆民族关系与和谐社会构建学术研讨会"等重大学术会议。

昆明理工大学与美国、德国、法国、英国等30多个国家的60多所高校和科研机构建立了长期稳定的友好合作关系，与之进行了多项高水平的合作研究。2009 年，昆明理工大学参与欧盟课题“以企业家精神促进欧洲高等教育合作研究”，完成了中国学生对欧洲高等教育的需求调查及与新加坡等国的比较调查。“以企业家精神促进欧洲高等教育合作研究”课题由欧盟资助，属于欧洲“大学生交流计划”项目下的课题，由意大利 Sannio 大学负责，由英国、芬兰、西班牙、俄罗斯、印度、巴西、阿根廷等 13 个国家的 17 所大学共同承担，昆明理工大学名列其中。昆明理工大学还充分发挥自己的专业和科研优势，在面向云南周边国家的工程、管理人才长期培养、国际技术转让等方面，逐渐形成了自身的特色和影响力。

三　云南省高等教育国际化的个案分析

（一）云南财经大学

云南财经大学是一所以经济学、管理学、法学为主，其他学科协同发展的省属重点大学。学校前身是创建于 1951 年的云南省财政干部学校。2006 年 2 月经教育部批准更名为云南财经大学。自 2013 年起由单科性财经院校发展成为了涵盖经济学、管理学、法学、哲学、文学、理学、工学、艺术等多个学科的综合性省属重点大学，形成了以本科培养为主，兼有硕士研究生、留学生培养和继续教育的多层次人才培养体系，学校为地方经济建设和社会发展培养了 8 万余名高级专业人才。

云南财经大学积极开展国际合作与交流，国际化程度日益加深。为了开展国际交流合作，云南财经大学于 2000 年成立了国际工商学院。云南财经大学国际工商学院是云南省承办中外合作办学项目的第一家教学单位。学院以学院国际化办学为中心，着力引进国际化优质教育资源，结合云南实际不断提高办学的核心竞争力，创新人才培养模式，完善教学管理，在教育国际化、创新性人才培养方面取得了重大突破，以实际行动为云南“桥头堡”建设培养并及时输送了一大批经世致用的国际化复合型人才，成为了云南省中外合作办学的示范窗口和“桥头堡”建设的探索者与实践者。2006—2012 年，云南财经大学国际工商学院连续 7 年被全国权威性媒体评选为全国“最佳中外合作院校”之一。2011 年 11 月，云南财经大学国际工商学院被云南省教育厅和云南财经大学列为“第一批办学体制改革试点学院”。

经国务院学位办、教育部、云南省教育厅批准，云南财经大学国际工商学院成为一所新型国际化学院。它与美国库克大学、澳大利亚查尔斯特大学、英国爱丁堡龙比亚大学合作举办本科双学位教育项目，与英国格林威治大学合作举办硕士研究生教育项目。现本科项目设有国际金融、国际会计、国际商务、项目管理、国际商务英语、理财学、金融服务等专业；硕士项目设有列入国家统一招生范围的管理科学与工程、国际商务两个专业；中英合作项目有项目管理、房地产管理两个专业。

作为一个中外合作项目，云南财经大学国际学院在师资、课程设置、教学方式和考核评价方面都具有了国际化的特色。

1. 师资配置国际化

学院坚持人才引进与培养相结合的原则，努力建设高素质师资队伍。学院现有师资 71 人，其中具有海外留学背景的优秀教师 46 人，占专职教师的 84%。目前学院有博士和在读博士 28 人，具有硕士研究生以上学历学位的教职员工占 94%，并聘请美国克莱蒙特研究生大学冯毅教授担任学院海外院长，有特聘教授 1 名。

学院每年都要选送教师到美国、英国、澳大利亚等国家攻读博士学位及再深造，以此不断提高教师的教学能力和科研水平；每年国外合作方院校都会派出数十名专家、教授到学院讲授专业课程及核心课程。此外，学院每年都会选聘十多名优秀外教承担英语写作、英语口语、体验英语等基础课程的教学任务。

2. 课程设置国际化

学院融合了美国库克大学、澳大利亚查尔斯特大学、英国爱丁堡龙比亚大学、英国格林威治大学的会计、金融、商务、项目管理、房地产等专业的课程设置，结合国情、省情，专门建立了完整的国际课程体系大纲和专业人才的培养方案。

每个本科专业平均从国外合作院校引进 24 门专业课或核心课程，采用与国外合作方院校同步或国际通用的英文原版教材。中美合作项目有 10 门课程由美国库克大学教师负责讲授；中澳合作项目有 8 门课程由澳大利亚查尔斯特大学教师负责讲授；中英合作项目有 8 门课程由英国爱丁堡龙比亚大学教师负责讲授，其余课程由中方或外籍教师采用全英文或双语教学。学生可选修越南语、泰国语、缅甸语，以适应国家面向西南开放的“桥头堡”战略的需要。

学院同步引进国外合作院校的优质教材、教学大纲、优质师资等，采用双语教学。本科实行“4 +0”办学模式，中英合作硕士教育项目实行“2 +0”办学模式（均在国内完成学业，无须出国）。完成学业且成绩合格的本科学生，可获中外合作双方院校颁发的学位证书；中英合作硕士教育项目毕业生可获得英国格林威治大学颁发的理学硕士学位证书。学生所获得的国外大学学位证书可获得中国教育部留学服务中心认证。

与英国格林威治大学合作举办的硕士教育项目引入英国高等教育的理念，以跨境教育方式，采取项目为中心的管理理念，在双方共同协商决策的基础上，建立了以市场为导向的自主招生联合培养的机制。中英格林威治硕士项目共设置 17 门课程，分为英方核心课 5 门、英方辅助课 3 门、中方专业课 4 门、中方基础课 4 门及毕业论文 1 门，其中英方课程所使用的教材、教学大纲，实施的教学标准与英国本土保持一致。根据英国格林威治大学的要求，结合学校的具体情况，所有专业核心课程均严格实施“教考分离”的模式，所出具的学位证书及学业成绩单与格林威治大学英国本土学生完全一致。该项目的中国教师在全面吸收英国教材精髓的基础上，结合我国的具体专业实务，与英方资深教师合作编写了 7 册教材。该套教材充分体现了中外合作办学“引进、吸收、本土化”的理念，进一步优化了教材结构，提升了教学效果。

3. 教学过程和评价方式国际化

学院引入国外多样化的教学方式，积极引导学生参与到课堂讨论、小组作业、团队合作教学活动中来。在对学生的考核方式上，严格控制教学环节，在培训、课堂考勤、学籍管理、考试管理、教师考核、学生意见反馈等方面，均制定了与国外同步的、完善的规章制度，以确保教师及学生在整个学习期间的教学规范性。平时考勤、作业、课堂参与、论文、小组陈述、项目调查、体验式学习、期中期末考试等都是学科成绩的构成部分，结合社会实践教学，评定学业成绩。

4. 实践模式国际化

学院于 2013 年 5 月共派出 10 名国际商务专业硕士进入云南省建工集团、中国水利水电第十四工程局、云南欣农科技有限公司等企事业单位赴位于老挝、柬埔寨、泰国、马来西亚、斯里兰卡等国家的代表处或项目部进行为期 3 个月的实习。学生通过亲身参与提高了能力，实现了学生理论与实践、实习与就业的有效结合。

5. 交流与合作国际化

学院每年接待大量来自美国、英国、澳大利亚、法国、泰国、越南等国家的教师和留学生，与国外数十所大学开展了学生交换学习活动，每年选派优秀学生到国外合作院校及境外其他院校交流学习。教育交流活动的广泛开展开阔了师生的视野，国际化的氛围促成了教育观念的更新，学院的国际知名度逐步提升，为学院引进国外优质教育资源、开展合作办学项目奠定了基础。

云南财经大学工商学院向云南各行业输送了大量高级专业人才，为云南省“桥头堡”建设做出了重要贡献。其中外合作办学已成为云南高等教育国际化改革的重要窗口，是西部地区教育国际化的亮点。

（二）西双版纳职业技术学院

西双版纳职业技术学院成立于2001年，是一所由原西双版纳教育学院等3所学校合并成立的高职院校。2006年12月通过教育部人才培养工作水平评估，被云南省政府确定为云南省实施“走出去”战略试点高校；2012年通过专家评审成为云南省首批省级示范性高职院校。西双版纳职业技术学院以“走出去”战略为契机，积极打造高质量的国际化高等职业学校。

1. 师资配置国际化

西双版纳职业技术学院一直致力于提升师资水平，通过鼓励教师进修、外派与引进教师交流、聘请行业专家等方式，打造符合国际化教育要求的师资队伍。截止到2013年，该学院共有217名专兼职教师，具有硕士学位的教师有9名，具有研究生学历以及在读博士、硕士学位和研究生课程的教师40名；教授、副教授41名，讲师95名，外籍教师5名，并聘请有专业特长的校外兼职教师。

2. 课程设置国际化

云南教育国际化的核心，一方面是引进国际化标准，另外一个方面是将本国特色的教育推向世界，使云南成为培训国际人才的教育基地。西双版纳职业技术学院充分发挥自己的专业优势，建立起了由中央财政支持的国家紧缺人才—旅游专业实训基地、中国音乐学院西双版纳民族民间音乐教学实习基地，由云南省级财政支持的小语种教研室和东南亚语省级示范实训基地等，成为培养具有东南亚视野和沟通能力的专项人才教育基地。

2005 年，应用泰国语专业被云南省教育厅列为省级重点示范建设专业。2008 年，泰语口语课程被评为省级精品课程。2009 年，应用老挝语专业被云南省教育厅列为省级重点建设专业；应用泰国语专业被评为省级特色专业；模拟导游词（中泰文对照）双语课程被评为省级双语示范课程；“应用泰国语‘国内外一体化’专业课程体系建设研究”被列为云南省高等职业院校基础课程教学改革项目，并通过检查验收。2010 年，“模拟导游词（中老文对照）”双语课程评为省级双语示范课程。2011 年泰语语音课程被评为省级精品课程。

3. 中外合作，联合培养

西双版纳职业技术学院积极拓展中外合作办学，在教学和实践两个方面打造中外合作模式，共享教育资源，合作培养国际化应用型人才。西双版纳职业技术学院与泰国的清莱皇家大学、南邦国际技术大学、远东大学等多所大学签订教育交流和合作办学的协议，通过互派教师教学交流，提高教学团队的整体素质；引进国外先进教学理念，提高教学质量；共享国外教学资源，提升办学实力。

西双版纳职业技术学院开辟了“国内 + 国外”跨国学习、实践的人才培养模式。该模式一般采用“2 + 1”或“3 + 1”的形式，即三年制学生前两年在国内学习，后一年在目的语国家学习、实习；四年制学生则前三年在国内学习，后一年在目的语国家学习、实习。西双版纳职业技术学院还与泰国南邦国际技术大学和远东大学、韩国大邱工业大学等合作招收应届高中毕业生，采用“1 + 3”、“1 + 2 + 2”的本科合作办学模式培养人才，即在中国强化学习 1 年泰语、韩语后，经语言测试合格便可到泰国、韩国留学，毕业后由泰国、韩国方颁发学士学位证书，该院协助留学生进行中方学历认证。这一培养方式为未能考取中国普通高等学校的学生找到一条继续学习之路。

“国内 + 国外”跨国学习、实践合作模式初创时，与西双版纳职业技术学院合作的国外院校仅有泰国的清莱皇家大学、南邦国际技术大学 2 所，到 2014 年已增至 9 所。新增合作大学为泰国远东大学、坦亚布里理工大学、程逸皇家师范大学、曼颂德昭帕亚皇家大学，老挝国立大学，缅甸仰光大学、曼德勒大学。西双版纳职业技术学院还在泰国清莱市和泰国南邦国际技术大学建立了两个中国语言文化中心。

4. 留学生教学

随着中国与世界的经贸文化交流逐步加深，各国对中文翻译人才的需求日益增加，东盟各国与中国合作领域逐步拓宽。为泰国、老挝、缅甸等国政府培养中文翻译人才，成为西双版纳职业技术学院留学生教育的发展契机。

西双版纳职业技术学院将办学理念定位于“立足西双版纳、服务云南、面向全国、辐射东南亚”，在突出高等职业教育、中等职业教育、成人教育的基础上吸引周边国家的学生开展留学生教育，为周边国家的学生敞开了来华留学的大门。

根据2004年7月15日西双版纳州人民政府代表团与老挝丰沙里省代表团会谈纪要，中方（西双版纳傣族自治州人民政府）同意帮助老挝长期和短期培训中、高级人才。受州人民政府委托，西双版纳职业技术学院于2004年9月开始正式招收老挝、缅甸留学生。初始的两年间，学院共接收了106名（老挝103名、缅甸3名）外籍留学生在校学习。经汉语水平测试后，学院将他们分在初级汉语班或中级汉语班学习，学制五年；汉语程度较高者，让其自主填报专业，学院安排其到所报专业插班就读，学制三年。学完专业教学计划规定的课程，成绩合格者，颁发西双版纳职业技术学院大专毕业证书。

随着中国与东南亚经贸、文化交流的逐步加深，西双版纳职业技术学院的留学生教育也进一步拓展。2006年至2010年，共招收180多名老挝留学生。2011年外籍长期在校生达213人，短期培训外籍学生249人。这些留学生所学专业涵盖导游、旅游管理、园艺技术、植保技术、市场营销、物流管理、汉语等8个专业。

总之，云南省高等教育在西南“桥头堡”效应及教育国际化发展趋势的相互作用下得到了快速提升，为我国的改革开放做出了巨大贡献。然而，云南省高等教育尚存发展瓶颈，在未来急需突破。

云南省高等教育水平总体偏低，未来急需快速提升。云南省高等教育的毛入学率远低于全国平均水平，2002年云南省高等教育毛入学率为8.64%，而全国水平为15%；到2012年，云南高等教育的毛入学率获得极大提升，达到22.68%，[①] 而全国水平已达到30%。云南高等教育始终

① 数据来源于公开发表的云南省教育厅会议发言，赵金在2012年全省教育工作会议上的讲话。

处于未达全国平均水平的状态，未来仍需努力追赶。

在吸引留学生来华学习方面，云南省高校与其他省比，也存在巨大差距。2002 年来全国来华留学生总数超过 8.5 万人，但在云南学习的留学生不足 1000 人；2012 年，在云南省学习的外国留学生人数未进入全国前十。而且现有的留学生结构也比较单一，多为东南亚留学生。

云南省高校的师资力量还有待加强。以留学生汉语教学师资为例，多数高校的自有师资人数不足，留学生教育主要依靠外聘教师。教师学历水平偏低，拥有硕士、博士学位的教师比例远低于经济发达地区的高校。留学生教育以语言教学为主，能够运用双语进行沟通的专业教师严重不足，限制了留学生学历教育的发展。

涉外专业的课程设置有待调整优化。在留学生专业教育方面，云南高校的某些课程设置滞后，专业性不足，缺少国际化的课程设计，教学质量不高。这就使得学生在某种程度上学科专业能力不足，也影响了学生未来的就业选择，进而降低了对留学生的吸引力。

为了进一步提升云南省高等教育的竞争力，加强云南省教育国际化，云南省高等教育需要进一步吸引、配置高水平师资，优化国际化课程设置，提高管理水平，加强国际服务创新能力，提升办学声誉。云南省高等教育国际化仍有漫长的路要走。

第四章　英、美两国高等教育国际化研究及其对中国的启示

第一节　英国高等教育国际化的发展历程

英国高等教育的国际化有着漫长的发展史，在教育发展方面向来具有前瞻性，其教育发展模式在过去很长一段时间直至今天，仍是各国争相学习、模仿的，其先进的办学理念和优良的教育品质一直以来在世界范围内享有极高的声誉。正如科尔所说："任何地方的大学，都无法超过英国尽量为本科生考虑、德国尽量为研究生和研究人员考虑、美国尽可能为公众考虑的目标——为了保持不易保持的平衡，越采取混合式越好。"① 英国政府明白，留学生教育在扩大财政收入的同时，也为英国扩大政治、文化、经济等方面的国际影响提供了便利条件，催生出更为高效的培养、选拔人才的机制。"英国模式"对世界高等教育的发展做出了巨大贡献。

回顾历史，英国的经验值得中国借鉴和学习，那么，英国高等教育的国际化究竟经历了怎样的发展历程呢?

笔者以为，英国高等教育的国际化可分为以下三个发展阶段。

一　萌芽阶段（12 世纪初至 16 世纪末）

英国高等教育的国际化思想至今已有 800 多年的历史。1167 年，英国牛津城创立的第一所大学——牛津大学，成为了英国国际化教育的雏

① ［美］克拉克·科尔：《大学的功用》，江西教育出版社 1993 年版。

形。1209年，剑桥大学创立，它与牛津大学一道，被称为“比英国国家还老”的大学。以“精英教育”著称的这两所大学垄断了英格兰地区的高等教育超过600年。起初，它们是由城市的学者和学生自发组织形成的学术机构，但很快就被教会所控制，因为在封建时期的英国，教育是只有贵族和神职人员才能享有的特殊权利，天主教会控制着整个教育系统的管理，而国家并不插手。因此，大学教育便具有了浓厚的宗教色彩，成为教会向不同地域、不同民族的人传播教义的重要工具。在很长的一段时期内，这两所大学的学生主要都是上层社会青年，比如贵族、绅士、官吏、军人、大商人以及上层社会职业者，如法律家、牧师、医师等的子弟。而一般职员、小商人和富裕的自耕农人家的子弟微乎其微，贫困的劳动群众根本不能获得教育。不过，大学内采用超越地区障碍的共同语言拉丁语进行交流，因而不受国界的限制，具有鲜明的国际化特色。在相当长的一段时间内，古典文科和神学为牛津大学、剑桥大学的主要授课内容，直到18世纪初，牛顿的数学、物理学和培根的唯物主义哲学思想被普遍认可后，教学内容才发生了较大改变，自然科学方面的内容开始引入教学中。

在牛津、剑桥成立后的几百年，其他著名的英国大学也开始不断涌现，比如圣安德鲁大学（St. Andrew，1411）、格拉斯哥大学（Glasgow，1451）、阿伯丁大学（Aberdeen，1495）、爱丁堡大学（Edinburgh，1582）等，带有浓厚的封建传统和宗教色彩的“精英教育”在不列颠大地上迅速发展开来，教育国际化的种子开始生根发芽。

二　崛起阶段（17世纪至1963年）

16世纪末开始，随着“日不落帝国”的崛起及其海外殖民地的迅速扩张，大英帝国势力范围遍及全球，其教育政策以及英国大学先进的办学模式也随之开始在全球广泛推行。

由于资本主义经济的发展，加之欧洲文艺复兴和宗教改革运动等影响，从17世纪到18世纪初，英国在自然科学、哲学等领域都有了长足的进步，资本主义的意识形态逐渐形成，而意识形态又反过来对教育事业的发展产生影响，许多新思想逐渐被英国人所接受。比如1642年，捷克的教育家夸美纽斯访英，他所提出的“泛智”教育理论在英国产生了巨大震动，不仅影响到英国教育制度的发展，还引起了英国学者对于教育问题的大讨论，比如文学家弥尔顿（John Milton）提出民主教育的要求，哲学家洛克（John Locke）提出“绅士教育”理论，等等，这无疑促进了英国教育的迅猛发展，加快了其走向国际化的步伐。

当时全球各地新建的许多大学几乎完全照搬英国大学的办学模式。“1640—1701 年间，哈佛学院的 6 任院长中有 3 位来自牛津大学，12 名校董事中有 7 名是牛津大学校友、1 名是剑桥大学校友。”[①] 这对当地教育的发展产生了深远的影响。美国教育家阿特巴赫就认为，甚至到了 20 世纪，“美国的学院和大学还毫无疑问是欧洲特别是英国的知识殖民地”。[②]

18—19 世纪，随着工业革命的发展，带来了全新的科学技术知识，思想文化领域也深受影响。一批有着自由民主思想的开明学者与工业资本家发起了“新大学运动”，教会对教育的影响逐渐减弱。英国院校对教学内容、管理手段等都做了重大的调整，科学技术和应用知识成为课程的主导，而不再受到教会的控制。降低入学门槛更有利于推动英国高等教育的普及化和平民化。此外，在“新大学运动”的影响下，英国境内建立了许多新大学。如英格兰北部成立的达勒姆（Durham）大学，就是一所仅次于牛津、剑桥的历史悠久的大学。而在英国的一些工业繁荣、学者集中的城市，也相继建立了许多学院，如曼彻斯特的欧文（Owen）学院、里兹（Leeds）学院、伯明翰（Birmingham）学院和利物浦（Liverpool）学院，还有诺丁汉（Nottingham）大学、雷丁（Reading）大学、谢菲尔德（Sheffield）大学、赫尔（Hull）大学等。

19—20 世纪中期的英国高等教育有了新的发展。随着二战后英国婴儿出生高峰期的到来，受教育人群规模急速增长，英国高等教育的规模也迅速扩大，进入了一个大学持续增长的时期。这一阶段，大学的国际性特征逐渐成为衡量大学综合水平和影响力的重要尺度之一，教育国际化的理念逐渐深入人心。英国各大学大力开展国际教育和科研交流合作，广泛招聘外籍教师和招收国际学生，并首次设置了外籍学生奖学金项目，鼓励全世界的优秀人才前来求学。“1899 年英国富豪罗德斯在牛津大学设立奖学金，赠给海外留学生。牛津大学老校友西塞尔·罗兹 1902 年遗赠了一笔‘罗兹基金’，其中每年有 96 个奖学金名额给美国学生，15 个给德国学

① 张建新：《英国高等院校学生的国际流动》，《比较教育研究》2003 年第 5 期。

② 同上。

生，资助学生到牛津大学就读。”[①] 1934 年，英国议会还设立了第一个专门的国际交流与合作机构——国际教育研究所，推动英国开展国际交流。

这一时期，虽然牛津、剑桥大学和其他诸多新成立的大学为英国培养了一批又一批的优秀人才，在国际上享有较高的声誉。但是随着经济的飞速发展，对高素质人才的需求量呈几何式激增，其教育发展模式已经显现危机，只靠几所历史悠久的传统大学的精英教育难以满足社会对人才的需求，实现大众化的教育势在必行。

三　转型阶段(1963 年至今)

1963 年，英国政府发布了《罗宾斯报告》，标志着英国几百年来精英教育的终结，从此英国的高等教育开始转型，步入大众化发展的新时期，教育的国际化迎来新的发展机遇。

《罗宾斯报告》对英国在教育发展进程中产生的主要问题进行了总结，并对英国未来高等教育的前景进行了预测和规划。可以说，《罗宾斯报告》是英国高等教育从传统模式走向现代化模式、从精英型走向大众型变革之路的开始。

《罗宾斯报告》出台后的 30 多年里，英国高等教育从办学方针、制度设计、发展策略，到经费的投入、管理运行机制，以及大学的设置、规模、监控、评价等各个方面都发生了深刻的变革。英国的高等教育逐渐趋于大众化、多元化和现代化，不同性别、阶层、种族的学生，以及成人学生，非全日制学生，培训进修生，残疾学生纷纷步入大学校园。大学还构筑起以正规学位（Degree）、非正规培训证书（Certificate）和专业文凭（Diploma）为主的多层次、多规格的教育体制，教育发展的脉络逐渐清晰，英国教育开始显现出鲜明的国际化和平民化特征。同时，运用现代高科技手段辅助教学也对高等教育走向国际化提供了更多可能性。比如 1969 年成立的公开大学（Open University），它通过通信、电视、广播，以及互联网进行教学，为那些失去上大学机会的成年人提供接受高等教育的机会，以其极低的入学门槛、新颖的教学形式、广泛的受众规模成为英

---

① 张建新：《英国高等院校学生的国际流动》，《比较教育研究》2003 年第 5 期。

国高等教育平民化、现代化的标志，被各国所效仿，[①]体现了鲜明的国际化特色。此外，为了提高英国教育的国际竞争实力，对外输出本国文化和有利于西方世界的政治意识形态，英国政府采取了一系列措施，不遗余力地推动高等教育的国际化进程：优化课程设置，与各国教育部门、国际组织和机构、海外院校开展广泛的国际交流与合作，扩大留学生教育规模，引进外籍优秀人才，吸引欧、美、非、亚各大洲的青年学生赴英求学，扩大其在第三世界国家中的影响力。同时，巩固其本已深厚的教育传统和先进的办学模式，提升海外声誉，为今后开展更高层次的国际化教育奠定了坚实的基础。

到20世纪90年代末，在经历了三十多年的大众化教育发展后，英国政府更加深刻地领悟到高等教育走向国际化的重大意义。英国政府清醒地认识到，国际教育在扩大财政收入的同时，也为英国扩大政治、文化、经济等方面的国际影响力提供了便利条件，催生出更为高效的培养、选拔人才的机制。21世纪世界各国间的竞争主要体现在综合国力的竞争上，而强盛综合国力的最根本保证在于高素质创新人才的数量与质量。对人才的争夺，已成为新时期标志性的特征。谁掌握了更多人才，谁就掌握了21世纪发展的主动权，能够在各领域日益激烈的国际竞争中立于不败之地，高等教育走向国际化已成为不可逆转之大势。而现行的教学体系和选拔机制已无法满足21世纪新形势下高等教育的发展需求，因此，一场战略性的调整已不可避免。

1996年2月，英国政府成立了以迪尔英爵士为首的英国高等教育调查委员会。该机构经过科学调研，于1997年7月制定了面向21世纪高等教育改革框架和发展战略的纲领性文件——《迪尔英报告》。该报告对英国执行《罗宾斯报告》多年来的高等教育政策和发展状况进行了全面总结和深刻反思，对英国高等教育的目的、模式、结构、规模、财政进行了详细的说明，并对今后20年的发展趋势作了周密的规划和大胆的预测。

《迪尔英报告》指出，多年来传统、陈旧的课程内容和教学方式已经无法适应时代的发展，无法满足不同文化背景、经济水平、生活经历、兴趣特长、风俗习惯和价值取向的学生对高等教育的多元化需求，英国高等

---

① 刘晖：《从〈罗宾斯报告〉到〈迪尔英报告〉——英国高等教育的发展路径、战略及其启示》，《比较教育研究》2001年第2期。

教育亟待顺应时代趋势实施战略性的调整。《迪尔英报告》充分肯定了国际教育对英国经济发展做出的重要贡献，明确了未来进一步加大投入、扩大国际教育规模的发展方向。同时指出，面对21世纪的新挑战，各院校在保证教学质量的同时，更应对学生多元化的教育背景、兴趣爱好、价值取向等加以关注，同时培养学生主动更新知识、获取学习资源的学习能力，注重因材施教，提倡学以致用，提高教育与社会进步与经济发展方面的匹配度，满足劳动力市场对专业人才的需求，加大高等教育对社会发展的贡献作用，以提升教育品质，吸引和挽留更多的海内外优秀人才。另外，进一步加强通信与信息技术在教育领域的广泛应用，大力开发网络教学资源，开发远程教学、网络教学等前途广阔的教学载体和教学形式等，也是适应新时期教育国际化发展的重要举措。

《迪尔英报告》出台至今，我们看到英国政府在教育发展方面做出了重大调整，如今英国的教育事业已愈发成熟，高等教育走向国际化的步伐更加坚定和稳健，国际教育如火如荼地开展起来。“近10—15年以来，国际学生的数量大幅增长，伦敦大学各学院的国际学生比例占到了10%—20%。”[①] “据世界留学生组织的调查统计，21世纪初，英国的海外留学生数已达22万。”[②] “2012年，英国约有250万学生，其中40万为海外留学生（欧盟国家学生12万，非欧盟学生28万）。”[③] 为此，我们有理由期待英国高等教育的美好明天。

总之，从1963年的《罗宾斯报告》到1997年的《迪尔英报告》，英国基本完成了从精英教育向平民化、大众化的过渡。在这两个报告中，都明确了高等教育走向国际化的必然趋势，并针对新时期的新形势，为高等教育的发展提出了新要求，对当代英国高等教育的发展产生了深远的影响，也标志着英国的高等教育进入到了转型发展的全新阶段。

---

① 沈玉宝：《英国高等教育国际化的动因、特点及启示》，《北京教育》2012年第2期，第76页。

② 王剑波：《跨国高等教育与中外合作办学》，山东教育出版社2005年版，第115页。

③ 沈玉宝：《英国高等教育国际化的动因、特点及启示》，《北京教育》2012年第2期，第76页。

第二节 美国高等教育国际化的发展历程

美国不仅是当今世界高等教育最发达的国家之一，同时在高等教育国际化方面也走在世界前列。曾担任加州大学校长的克拉克·克尔，也是美国卡内基高等教育政策研究理事会主席，在1980年发表的《扩展高等教育的国际维度》的序言中首次提出了“高等教育国际化”这一全新概念。经过300多年的发展，美国高等教育国际化取得了巨大的成功，并积累了许多值得世界高校学习借鉴的经验。美国在留学生规模、国际合作项目的数量、学者和教师的国际交流等诸多方面，都是首屈一指的。美国各高校都把国际化作为发展的首要目标，他们凭借各自独具特色的优势以及国家、各州政府和大学开放的招生政策吸引了大批优秀的国际学生。目前美国不仅是第一大国际学生的接收国，同时数目繁多的各种国际合作项目也给美国带来巨大的经济效益。各高校采取各种措施加强国际合作项目，扩大国际合作办学规模：从课程方面，不断加强高校课程国际化建设，以及课程内容的国际化程度；在教育国际合作与交流方面，积极参与其他国家的合作项目，积极在海外建立分校；在教育技术方面，充分利用现代的高科技网络资源，拓展虚拟教育机构等；在人员流动方面，鼓励学者和教师双向流动，为在校学生提供各种国外学习和实习的机会，等等。这些成功的经验使美国在高等教育国际化领域走在了世界的最前列。回顾其教育发展史，有很多经验值得我们学习和借鉴。那么，美国高等教育的发展究竟分为哪几个阶段呢？

笔者以为，美国高等教育国际化发展可分为如下四个历史阶段[①]。

一 “英国模式”阶段（15世纪末至1776年）

美国高等教育发展的第一个阶段是直接模仿英国高等教育的模式。这一时期从殖民地时期一直持续到建国前。

---

① 王俊峰：《美国高等教育国际化探析》，硕士学位论文，天津师范大学，2012年，第21—22页。

高等教育国际化的理念最初源于“知识无疆界”的古老传统。这一传统始于欧洲中世纪的大学。在那个时代，拉丁语是各国通用的，学者们凭借这种通用的语言，无障碍地在不同的国家之间奔走、交流，这是最初的国际化的真正开启和践行。其后这一传统代代相传，逐渐形成了现代高等教育国际化的历史发展轨迹。从13世纪到16世纪，对欧洲其他国家大学的创立带来重要影响的是博洛尼亚大学。这个建立于1088年的大学被公认为西方世界最古老大学，并在中世纪大学从意大利和法国向四周扩散的过程中起到了非常重要的作用。

另一个有重要影响的是巴黎大学，素有“大学之母”之称，可见其在对其他大学，如牛津大学、奥地利的大学、德国的大学和北欧等国家的大学创建过程中的重要作用与影响。

从17世纪到19世纪，这是美国的高等教育初步发展的阶段，美国的高等教育是在“新大陆”被发现之后，在欧洲的高等教育模式的基础上发展起来的。英国、德国、法国较为成熟的大学模式逐步移植到了这片新大陆。因此可以说，美国的高等教育发源于古老的英国殖民时期的学院。

作为欧洲高等教育的源头和学习的典范，许多大学是在学习巴黎大学的基础上发展起来的，如12世纪末著名的牛津大学。德国的大学在很多基本建制上也是仿效巴黎大学的。美国的高等教育分为殖民地时期的学院以及独立以后才产生的美国高等教育。它们都是以欧洲的大学的基本模式为框架建立起来的。其实，在最初，美国高等教育几乎就是英格兰大学学院制的翻版。第一个建立的美国本土的高等教育机构是哈佛学院。继哈佛学院创建之后，在殖民地时期，即18世纪中叶前，一共有三所殖民地学院在美洲大陆建立起来了。

殖民地时期结束以后，到了19世纪晚期，在大学创建过程中美国高等教育才转而开始仿效欧洲大陆各国的大学结构，许多制度是综合吸收了欧洲各国大学的基本办学理念和基本建制而建立起来的，如从剑桥大学学来的是基本课程结构模式和大学寄宿制度；从苏格兰的大学学来的是设立大学董事会制度，由大学董事会来做大学的重大决策。其实，殖民地建立的大学在初期通常会直接照搬宗主国的模式，这也给新建的大学带来了严重的问题，即这种模式和结构上的相似，并不能掩盖其缺乏自主权与学术自由等问题，而这恰恰是宗主国的大学所具有的最优秀的传统。

最初到美国的第一代移民在美国高等教育的创建中功不可没。他们有着很高的受教育水平。在最早的移居马萨诸塞殖民地的移民中，有 35 人毕业于著名的剑桥大学伊曼纽尔学院，还有近百人曾经接受过大学教育。他们为美国高等教育设定的标杆就是英格兰的大学，如哈佛学院就是按照剑桥大学的伊曼纽尔学院建立的，并且借鉴了英国古典大学的办学方针，其教育目标是以博雅教育为培养目标的；其课程结构与建制与剑桥大学很类似，学校也同样实行寄宿制，这样更方便对未成年人进行管理和教育。所以哈佛学院在最初被形象地称为“设在海外的英国学校”，[①] 大到办学方针、教育目标，小到教学环节的细节等都是以英国大学为仿效对象的。不过美国的大学随着美国政治经济的发展迅速成长起来，哈佛尽管在最初很大程度上仿效了英国模式，但是在接下来的发展中也培养出了能够反映美国本土文化和传统的办学理念。

二 “德国模式”阶段（1776 年至 1945 年）

美国高等教育发展的第二个阶段是引进德国大学模式。这一时期是从建国到二战前。

如果说 19 世纪之前美国高等教育受英国大学影响很大的话，那么到了 19 世纪，德国大学的教育理念和学术成就成了首要的影响因素。正如约翰·布鲁贝克教授所说的那样，来自于德国大学对美国高等教育的冲击和影响，是美国高等教育史上最重要的内容和问题之一。德国大学主要从以下两个方面对美国高等教育产生影响：一是从这一时期开始赴德国大学学习深造的美国学生大量增加；二是很多从德国各大学来的学者开始在美国各大学任教。这一时期在美国的高等教育史上是一个重要的、开创性的阶段。高等教育工作者的开拓创新使美国高等教育由全面模仿英国大学阶段开始进入自主创新的阶段。大批留学德国的学生回国后到大学任教，他们在德国获得学位的同时也接受了德国大学的学术风气。精英大学的声望和德国大学严谨的研究风气由这些德国留学回来的教授们带到了美国的大学和学术界，并在后来的发展中逐渐主导了整个学术界。

南北战争不仅是美国政治经济发展的重要标志，同时也是美国高等教育发展的重要阶段。美国高等教育的开创者们开始接受当时世界上最新的

---

① 王俊峰：《美国高等教育国际化探析》，硕士论文，天津师范大学，2012 年，第 21 页。

科学知识，大力改革以前的学院模式，建立新的大学建制和模式。鉴于德国在这个时期是欧洲乃至全世界的最先进的科学中心，所以从18世纪末起，德国的大学制度开始成为美国高等教育制度学习的典范。美国高等教育的先驱者和改革家们的努力极大地推动了美国高等教育的发展，例如，德国大学把科学研究纳入到大学职能中，创建了研究生教育和博士学位制度，但美国并没有全面效法德国的措施，而是通过建立学系制度使德国式的“讲座制”更加民主化。

在19世纪早期，最早建立学院的英国和法国并没跟上时代的发展。它们的高等教育已经不符合新知识的需求了，在许多领域，后起之秀德国都远超法国、英国。于是从1815年直到第一次世界大战爆发，这期间，有大批美国学生怀揣理想来到德国学习。这一百年间大约有超过一万名美国学生在德国学习过。由此也可见，德国大学已经在当时世界各国的思想界和学术界占有了相当稳固的领导地位。从德国留学归来在美国大学任教的那些人对美国高等教育影响最大，他们几乎都成为美国高等教育中教学和科研的骨干，这其中包括密歇根大学校长塔潘、哈佛大学校长艾略特、康奈尔大学校长怀特等卓有成就的教育者。这些留德学生不仅在回国后把德国大学的教育理念与制度带到了美国，更重要的是他们中有一些人后来担任了美国各著名大学的校长，他们直接参与和领导美国研究性大学的创办，因此在最大程度上传播了德国大学的思想。

另外一些对美国高等教育变革产生巨大影响的是移居美国，在美国各个高校任教的德国教师。他们为美国高等教育国际化做出了不可或缺的重要贡献。19世纪以来，美国积极地吸收大量国外著名学者，特别是德国学者到高校来进行教学与科研。德国的研究者是独立研究，具有相对的主动权。他们根据自己对某一领域研究课题价值的判断来进行研究和指导学生。他们更强调创造性的研究和高层次的教育，如研究生教育。这些德国教师带来了德国大学的教育和研究风气，并影响着美国高校的教学和科研，也对美国文化和教育的发展做出了重要的不可替代的贡献。

德国大学的经验经由留德学生和德国教授对美国现代大学的创建和发展产生了巨大的影响。但这只是初创时期的需要，而后美国根据国内的现实社会状况对德国大学模式加以必要的改造，这使得美国研究型大学不但没有成为德国大学的翻版，而且通过美国国民对于大学以及对于学术性研究的认识与评价进行了改造。于是美国高等教育的发展在这一阶段不是简单的移植与复制，没有照搬德国的模式，不是将别国的教育经验简单地拿来植于自己的土壤中，而是结合美国自己的经济、文化，加以必要的改造，这样使得高等教育真正在美国大地扎根。这也是高等教育具有美国本土特色的关键所在。

三 教育国际化初级阶段（1945 年至 20 世纪 80 年代末）

美国高等教育国际化发展的第三个阶段是建立推行国际教育时期，从二战后到 80 年代末期。

经过前两个阶段的发展，从 20 世纪初期开始，美国的高等教育迅速发展，特别是在第一次世界大战之后，其高等教育已经开始对世界大学教育产生影响。世界高等教育的中心从这个阶段开始，已经由欧洲向美国转移。到了第二次世界大战之后，美国的高等教育已经逐渐进入了发展的“黄金时期”。美国著名的高等教育学者克拉克·克尔提出：“第二次世界大战以后的四分之一个世纪，在世界很多国家，都明显的是一个黄金时代。”这一时期，特别是两次世界大战之后，世界各国政府都意识到了高等教育的重要性，并投入大量的资源来积极推动高等教育的发展，在世界范围内掀起了高等教育国际化的高潮。

二战以后，美国政府意识到其国家利益和战略需要必须通过加强与其他国家的合作才能完成，这就需要新的政策来支持，也需要更多的外语人才来了解其他国家。于是美国政府投入大量资源来支持大学的外语教学与国际地区研究。1958 年，美国联邦政府颁布了《国防教育法》，这是美国政府援助教育现代化的第一个法案，高达 10 亿美元的资助使得该法案不仅对美国教育产生了巨大效果，而且对美国的经济、政治等方面都有很大的影响。1972 年，《高等教育法》第六款规定，各个大学设立“本科国际学习和外语”项目。该项目将获得政府为高等教育课程国际化提供的专项资助。比如，联邦政府将提供 50% 的经费支持现代外语教学中心，同时承担教师国际交流与外国学者的费用，还有外语奖学金等一系列政策。

通过《国防教育法》的资助，美国制定了一系列的支持高等教育计划。这些计划是美国向国外特别是第三世界国家输出美式教育的重要措施。其中影响范围最广、效果最显著的当推“富布赖特计划”，这是美国历史上对国际教育交流项目支持力度最大的一个。该项目主要是通过把美国在其他国家的剩余财产，用作美国和其他国家教师与学生学习和研究的支持基金。目的是通过高等教育与文化的交流与合作，与其他国家增进了解，建立和谐友好的关系。1952 年参与“富布赖特计划”的国家增加到 30 个。

其后，在 1961 年美国国会又通过了《双边教育文化交流法》。这个法案延续了“富布赖特计划”的主要特点，其宗旨也是通过教育和文化交流来促进美国与世界各国间的理解、交流，加强美国的对外关系。主要内容是加强外语教学与学习，提供海外的训练项目以及发展区域研究，如“教职员国外研究”“国外研讨会和特殊双边项目研究”等项目。由于该计划大多在海外进行，所以有时称之为海外项目。

20 世纪 80 年代以来，美国大学招收国际学生的数量继续增长，合作项目增多。对国际教育的重视促使美国高校与国际学术界建立了广泛的联系，这同时把美国大学在意识形态、科技文化与教育思想等方面对世界的影响力扩大了。阿特巴赫说：“美国大学起着近似 19 世纪末德国大学所起的作用。美国的思想观念和价值观已经遍布全世界”。

四 教育国际化深化阶段（20 世纪 90 年代至今）

美国高等教育国际化发展的第四个阶段是 20 世纪 90 年代以来国际化深入发展时期。

90 年代冷战结束后，世界各国都意识到了高等教育国际化的重要性，这也是随着经济全球化而来的世界范围内的高等教育与文化的交流与发展。随着全球化趋势如火如荼的发展，高等教育国际化成为普遍的发展趋势。美国在高等教育国际化的进程中一直走在世界的最前列。为了保持自己作为世界的榜样与西方文明中心的地位，美国延续了前一阶段的成功做法，力图通过教育国际化将自己的自由民主等价值观念和意识形态推广到世界其他国家。美国不仅关注高等教育国际化的具体方式，如大学教师、学者等专业人员以及本国学生与国际学生的流动，同其他国家合作办学与交流、课程内容的国际化、远程教育等，而且更关注和强调无形的影响与扩张，即文化价值观的影响，用自己的文化价值观潜移默化地影响它认为需要教化或改造的国家。[①] 这种无形扩张的一个重要方式便是文化教育输出。

2000 年，美国联邦政府颁布了《2000 年国际进修机会法》。这是进入 21 世纪以来，美国为了加快高等教育国际化进程的第一个重要举措，同时也表明了美国政府在新世纪影响世界的策略并没有改变，是以高等教育与文化为输出渠道。这个法案中的吉尔曼奖学金项目较为突出，政府拨款 150 万美元用于资助来自美国低收入家庭或社区学院的学生，以及残疾学生。这些学生如果有意赴海外进修，特别是到欧洲和拉丁美洲以外的国家学习，增加对这些地区文化的了解，增强外语技能，[②] 就将获得政府资助的为期一年的海外实习机会。

2004 年，美国成立了“亚伯拉罕·林肯海外留学委员会”。这是继吉尔曼奖学金项目之后又一个大力资助美国学生海外留学的项目。计划由国会拨款 25 万美元，用来实施美国学生海外留学发展战略。第二年，美国政府发布了《全球竞争与国家的需要——百万人海外留学计划》。这份报告中详尽地分析了美国在新的国际形势下高等教育国际化的战略调整。报告认为，联邦政府需要通过增加高等教育的投入，特别是通过拨款使得高校学生有更多机会赴海外留学，这样才能加强学生对世界形势的了解，熟悉其他国家的文化、经济、社会等各方面的情况，才能充分了解美国在全球的经济文化定位。这份报告计划截至 2017 年，每年派出 100 万大学生到海外留学。让每个大学生直接接触世界，把自己塑造成为世界公民。

2008 年，美国国会继续努力，又通过了《提高国际开放程度以提高美国国家竞争力》报告。这份报告延续了前几个法案的战略方向，致力于通过加强美国高等教育国际化来提高美国对国际学生、学者、研究人员的吸引能力，以及提高美国吸引赴美商务旅行的能力。

综上所述，美国政府在进入 21 世纪以来，不断以国家法案和国会议案的方式加强高等教育国际化。由此可见，美国联邦政府意识到要想保持美国在世界范围内的影响力，就需要培养具有全球化视野的国际公民，需

---

① 靳希斌：《国际教育服务贸易——理论、规则与行动》，福建教育出版社 2005 版，第 128 页。

② 丁玲：《从联邦政府的行动透视 21 世纪美国高等教育国际化》，《高等教育研究》2011 年第 4 期。

要大量培养具备文化、经济和国际知识的专家与留学生。由于政府的高度重视和大力支持，美国高等教育国际化进入一个新的发展时期。

第三节　英、美两国高等教育国际化的发展动因

英、美两国高等教育走向国际化的发展道路各不相同、各有特色，历经几百年的发展，两国都取得了举世瞩目的成就，成为当今世界上为数不多的几个国际化程度较高的教育强国。那么，为何两国能够在世界民族之林中脱颖而出，成为国际教育领域的佼佼者？其教育走向国际化的发展动因何在呢？笔者以为，主要有以下四方面的原因。

一　政治因素的大力推动

一国的内政外交、国策战略往往会对国家发展的各个层面产生全局性的影响，教育事业的发展也不例外。在英、美这样具备全球视野和发展战略的国家，其教育事业的发展自然要服从于国家政治的需要，国家政策导向对教育事业的发展产生关键性的影响。审视英美两国的教育国际化进程，便会发现政治因素所起到的巨大推动作用。

先以英国为例，早在12世纪牛津、剑桥大学成立之初，英国教育就带有一定的宗教政治色彩，大学在很大程度上变成了国家和教会用来维护其统治地位和自身利益的政治工具。而到了“日不落”帝国的殖民时代，全球许多地区都按照英国模式建立了诸多院校，这些院校也在相当程度上成为英帝国向海外扩大其政治影响力和传播资本主义意识形态的排头兵，为英国教育加速走向国际化奠定了基础。

时至今日，国家意志和政治意识形态开始更积极地介入教育的发展，《罗宾斯报告》和《迪尔英报告》的出台，标志着英国高等教育步入新的发展时期。英国政府对今后教育的发展做了详细的规划，采取了一系列独具特色的内政外交措施，推动高等教育国际化的进程。

比如，为了吸引更多的留学生前来求学，英国政府推出了诸多政策措施。英国政府建立了以政府奖学金、学术团体奖学金和高校奖学金为主的完善的奖学金制度体系，为前来留学的优秀国际学生提供多条优惠渠道。

英国政府还对欧盟国家学生免除其在英学习的教育费用；为长期留学英国的外国学生免费提供医疗保险；实行宽松的勤工俭学管理政策，允许外籍学生适当打工挣钱；持长期留学签证者，可携配偶赴英陪读、就业等，极大提高了外籍学生赴英留学的热情；英国还在海外设立了不少签证申请中心，并不断简化签证手续，缩短签证办理时间，等等。

再如，为提高教学质量，加强师资力量建设，英政府亦出台了诸多政策措施。早在20世纪80年代，英国就出台了诸如《教育改革法》《高等教育：新框架》《继续和高等教育法》等文件，从此，一个较科学的教学质量衡量、监控体系逐渐建立起来，它为英国高等教育制定了严格的学术标准，通过质量控制、质量审计、审批、评估等环节对英国各院校给出客观评价，并将教学质量的高低与院校的经费分配紧密挂钩，营造出一个良性的竞争机制。除此之外，“政府每年还采取两种方式对高校的教育质量进行评估：一是研究评估，二是教学评估”。[①] 这些对英国高等教育整体质量的提升发挥了重要作用。

如此严格的标准，迫使英国教育向国际领先水平看齐，推动了英国课程的国际化转型。英国各高校的国际化课程数量和比重迅速攀升。各院校新开设了一大批国际性课程和涉外专业，涵盖了国际政治、经济、金融、贸易、外交等诸多领域，“英国目前已在核心课程中增加了世界史和外语，在工程、教育和工商管理等领域的教学中也增加了国际方面的内容”。[②] 使留学生们能在国际背景下顺利进行国际交流、对话、谈判和开展国际研究，并意识到全世界普遍性的问题。再如英国曼彻斯特商学院，在国际商务、国际战备、国际管理战略等课程中加入了大量当下国际热点议题方面的内容。这一系列国际化的“改装”，对于英国打造其国际化优质教育品牌有着重要意义。

此外，英国政府从未忽视过师资力量的建设，大力引进外籍人才壮大自己的师资队伍。2002—2003 年，英国实施了高技术移民项目（Highly Skilled Migrant Program），以扩充国内的外国高科技人才数量。有数据表

---

① 高云：《“第三条道路”与英国高等教育改革》，《教育发展研究》2004 年第 3 期，第 88—89 页。

② 吴剑丽、李娅玲：《高等教育课程国际化的研究与实践》，科学出版社 2013 年版，第 59 页。

明，“在这项政策实施四年以后的 2007 年，英国大学 20% 的教职员工来自海外，在 2005—2006 年，27% 被聘请的员工来自于海外”。[①] “2009 年，在英国的外籍教师占到了总人数的 23% ……1995 年为 11%，现在高校管理队伍的 9% 为外国人”。[②] 英国各大院校通过一系列的举措，在大学校园里营造出良好的国际化氛围，创建起一个个国际化的交流、学习平台，推动了英国高校教育国际化的整体进程。

应该说，在英国高等教育的发展过程中，政治因素（指国家的内政外交政策）便如一只“推手”，牢牢把握着教育的发展方向，在这只大手的“呵护”下，英国高等教育经历了几百年的风雨历程，如今正以新的姿态，顺应当今国际化的潮流快速发展。

再看美国方面，政治因素对教育发展的影响更加明显，国家战略和内外政策成为美国教育走向国际化的关键因素。第二次世界大战以后，东西方两大阵营意识形态对立局面日益加剧。政治因素也逐渐影响到各国高等教育国际化发展。美国高等教育更是确立了以国家利益和战略需要为核心的国际化发展方向。

1946 年，美国“富布赖特计划”发布，对欧洲和第三世界发展中国家或地区提供无偿技术援助，免费招收留学生；20 世纪 50 年代以来，先后颁布了《国防教育法》和《国际教育法》，鼓励大学成立外语中心以及设立国际研究与国际事务课程；1991 年，美国颁布了《国家安全教育法》，要求各大学必须加强和改进外语教学和区域性研究，加大研究投入以及其他国际领域的教学与研究；2000 年，美国政府发布了《高等教育国际化的备忘录》，鼓励大学积极开展国际教育与交流活动。

如上诸多导向性政策的发布，宣示着美国政府以国际交流的名义，通过设置各种奖学金或者项目基金的方式推进高等教育国际化进程，数十年来取得了丰厚的回报，其文化渗透至今更是成果丰硕。这些政策通过其代理人不断地影响着世界各国高等教育的发展方向，尤其体现在适应了美国的教育体制、发展思路、科研方法以及工作习惯后学成归国的留学生和学

---

① “Universities UK. (2007)”, *Statistics about International Staff Recruitment*. http: //www. international. ac. uk/statistics/international - staff_ recruitment. cfm.

② 沈玉宝：《英国高等教育国际化的动因、特点及启示》，《北京教育》2012 年第 2 期，第 76 页。

者身上，他们常常不自觉地依照所谓国际化标准来重新构造或影响本国的教育。就像美国国际外交咨询委员会曾指出的那样："对外交流和培训对美国的对外关系有着直接的和多重的影响，是其最有价值的（外交）工具之一。"至此，高等教育国际化又被看作是对未来政治和经济关系的一种外交投资形式。

二 经济发展的客观要求

在英国工业革命之后，资本主义国家的现代技术、经济、贸易飞速发展，带动世界范围内经济融合度快速地增强，专业化分工日趋细致，包括人才、资本、技术在内的生产要素自由流动和组合迅速，自由贸易协定、关税同盟、经济一体化逐步发展成为世界经济的大趋势。各国 GDP 增长更加依赖于其参与国际化要素市场的程度，对各类层次专业人才的需求剧增，并迅速传递到各国高等教育系统。培养更多的懂得国际化经营、技术和管理的人才成为各国高等教育的当务之急。

从英国方面来看，英国高等教育的发展与其经济水平、财政状况关系密切。比如，20 世纪 70 年代，英国经济的发展也曾出现短暂困难。1973 年中东石油战争引发了全球性经济和财政危机，各国政府不得不从各自的财政状况出发，采取措施，缓解经济压力。其中，留学生教育发挥了重要作用。这一时期，留学生教育迅速从一种输出西方文化意识形态的工具，转变为缓解财政危机、增加收入的手段。

英国政府开始大力发展国际教育，对外籍学生收取高额学费，并不断扩大留学生教育的规模。数据显示，"1970 年，英国有留学生 24606 人；1979 年留学生达到 8.8 万人，仅次于美国和法国"。[①] 从 1979 年撒切尔夫人实施教育新政开始，政府对各大学的教育资助经费缩减了约 40%，这迫使各校放眼广阔的海外留学教育市场，用海外留学生的学费收入填补政府教育投入的空缺。各高校对外国留学生收取"全额成本学费"（约为本国学生学费的 4 倍），这也曾一度引起英国高教界的不满和忧虑，然而从 1985 年开始，英国的外国留学生人数又开始迅猛增长，1990 年和 1992 年，英国的在校留学生分别达到 1980 年的 1.5 倍和 1.8 倍，成为全球第

---

① 吴坚：《当代高等教育国际化发展》，人民教育出版社 2009 年版，第 42 页。

二大留学目的地国家。

通过实施高等教育国际化战略，英国高校不仅走出了因政府教育经费削减造成的困境，每年海外留学生还带来了十几亿英镑的可观收入。而丰厚的经济利益又反过来作用于教育事业的扩张发展，驱使各大学投入更大力度开拓海外教育市场，扩大国际化教育规模。据英国著名教育经济学家威廉姆斯估计，以1979—1980年的不变价格计算，英国的大学从留学生学费中获得的收入从1979—1980学年的0.46亿英镑上升到1988—1989学年的1.02亿英镑。1990年英国高等院校的总收入中，留学生学费就占了4%以上，布莱尔甚至在施政报告中声称，争取在2004年将英国在国际留学生市场中所占份额由目前的17%提高到35%，年创汇70亿英镑以上。[①] 英国的教育国际化战略在亚洲、非洲国家中成效显著，"1991年这两个地区的赴英留学生人数达到8.81万名，1992—1993年达到9.59万名，占英国高等学校学生总数的10%"。[②] "1998年，英国的入境者中有30万人是学生，其中三分之一来自亚洲。"[③] 自1993年英国正式废除高等教育双轨制以后，多所学院升格为大学，为国际化教育事业的发展更添动力。"1995—1996年间留学生人数比1989—1990年间增加了127%。"[④] "1995—1996年间，在英留学生总人数达196346名，占世界留学生份额的12.3%，名列第二位，仅次于美国。"[⑤]

由此可见，英国高等教育国际化的动力，很大程度上来自于经济利益的驱使。随着全球经济一体化进程的加快，留学生教育所带来的巨大经济收益逐渐显现，高等教育走向国际化完全符合英国经济发展的客观要求，已成为不可逆转之大势，该战略还将在未来得到进一步的强化。

再看看美国方面，美国在第二次世界大战后发展迅速，这也与其历来关注现代知识经济的全球化发展、传播密不可分。同样，经济贸易的快速

---

① 崔庆玲：《在高等教育国际化中美、英两国留学生教育思考》，《理工高教研究》2004年第5期，第23卷，第53页。

② 吴坚：《当代高等教育国际化发展》，人民教育出版社2009年版，第42页。

③ 刘晖：《从〈罗宾斯报告〉到〈迪尔英报告〉——英国高等教育的发展路径、战略及其启示》，《比较教育研究》2001年第2期。

④ 张建新：《英国高等院校学生的国际流动》，《比较教育研究》2003年第5期。

⑤ 联合国教科文组织：《从统计数字看世界高等教育》，《教育参考资料》2000年第1—2期。

发展驱动世界各国家为教育领域引进额外资金提供了融资平台和手段。在世界经济全球化不断发展、国家之间经济技术相互依存度不断提高的背景下，各国的科学技术发展水平日新月异，经济、科技竞争力成为世纪各国重点关注的发展领域。

在国家间交流与区域性合作方面，高等教育国际化的推动与各国经济、技术协调融合发展之间的关系日益紧密。随着经济因素的逐渐渗透，教育培训服务在世界范围内兴盛起来，并日益演变成教育产业。高等教育逐渐成为一种国际化自由贸易的商品，高等教育逐步变成了私人利益，而不是世界各国政府的公共责任。这些潮流观点把高等教育推进了市场经济领域，导致工商业的做法在高等教育中颐指气使，甚至拥有了至高无上的统治的地位。

为了经济利益，以美国政府为首的世界各国政府在高等教育国际化的道路上渐行渐远，它们开始对外国留学生实行全额收费或优惠收费的政策，将外来留学培训教育和教育服务业务商业化、功利化，以此推动各国高等教育日益走向国际化。

20 世纪 70 年代末 80 年代初，美国等西方国家经济发展停滞。各国政府为了摆脱财政危机，将留学生教育国际化变成了提升经济水平的手段。各国政府纷纷鼓励大学面向全球，积极主动走向世界，招收外来留学生。美国于 80 年代提出公立大学通过“招收外州、外国学生，征收全额学费”的办法来弥补本国公共教育经费的不足。同时，在各国大学中广泛开展自然科学、工程电子和信息技术方面的应用型研究课题，通过招收大量外国留学生们进行研究，补充了本国劳动力不足与研究力量的短缺，而留学生们所创造的商业利润则归大学所有。此方面所创造的商业价值无法估计，由此也能发现美国为什么是世界上拥有最多留学生的国家了，因为留学生带来的国际化廉价劳动给美国带来的经济利益非常巨大。

三 科技发展的促进作用

进入 21 世纪以来，随着计算机信息技术、网络技术和通信技术的快速发展、融合和广泛普及，世界各国高等教育的管理水平极大地提高了，也为实现高等教育全球化的快速、可持续发展奠定了坚实的技术基础。如果是在 20 世纪前期或更早以前，一种新的教育理论、文化艺术、科学技术发现从一个国家传入另一个国家，需要相当长的时间，有时甚至要借助战争的力量。而在计算机技术、网络技术和通信技术得到快速发展的今天，世界各国在科技、教育、艺术、文化之间的交流更加便捷，各国的关系也日益紧密。借助计算机网络技术和现代的通信技术手段，身处世界各个角落的人们可以迅捷地进行对话交流、合作沟通，共同研究科研课题，或一起解决面对的共同课题。人们可以以非常低的成本，最短时间了解别国的教育情况，从别国先进的教育中借鉴成功的经验，汲取失败的教训。这些现代科技的发展大大增加了各国教育相互影响的可能性，极大地促进了教育国际化的发展。

随着科技的发展，依靠工业革命起家的英国人没有忘记对教育行业实施一番“现代化改装”。英国政府高度重视技术革新对教育发展的促进作用，主张让科学技术惠及教育领域，助推本国高等教育的国际化进程。由此，远程教育、网络教学、函授教学这些新颖的教学形式应运而生，并在英国广泛盛行起来。早在1969年，英国就已成立了一所通过通信、电视、广播，以及互联网进行教学的远程大学——公开大学（Open University），为不同阶层、年龄段、种族的人群提供了宝贵的接受教育的机会。

自80年代以来，信息技术的快速发展给高等教育从教学、科研、管理乃至教学形式上都带来了具有革命意义的变化。此后，1985年的《90年代高等教育的发展战略》报告和1997年的《迪尔英报告》更是对通信和信息技术给予了高度关注，强调要将先进的信息技术手段广泛运用于教育领域，促进教学、管理、科研质量的提高。英国大力开发远程教学、网络教学技术，打造人性化的多媒体软件和先进的教育平台，使学生远在千里之外就能够随时随地接受英国先进的高等教育，有效节省了教育资源，同时也获得了不菲的经济收入。

为扩大其海外教育出口，进一步将网络教育的触角扩展到世界的每一个角落，英国还通过网络提供学位课程，在国家间建立国际性虚拟大学，并被英国政府作为今后高等教育发展的重中之重。① 各类远程教育项目，互联网教学、研究项目层出不穷。“2001年2月，英国高等教育基金理事会拟定了一个雄心勃勃的‘E-University’计划。准备联合全英国大学的

---

① 詹春燕：《高等教育国际化战略——英国经验及其启示》，《湖北社会科学》2008年第4期。

力量，建立一所网络大学，目标是在 2005 年吸引超过 75000 名海外远程教育学生。”[①]“2002 年，英国成立了以终身教育为理念的产业大学（University for Industry），这是一所没有校园的大学，教学是直接通过网络系统向在职人员提供培训和掌握新技能的机会。”[②] 如今，远程教育、网络教育已成为英国高等教育体系中不可或缺的重要一环，并呈现出广阔的发展前景。

美国在科学技术方面一直处于世界领先地位，特别是网络技术方面。在现代社会，以网络技术为基础的远程教育已成为与互联网有关的众多产业中最大的产业之一。从个人的角度来说，网络技术的出现，以及以互联网为媒介的远程教育的出现，使人们足不出户就可以非常便利地利用所需要的国内外学校的教学与研究资源，并且能够通过各种远程教学来获取知识，完成学业，攻读学位。高等教育国际化的进程是随着网络社会的逐步实现而被推动加速的。教育网络化使得终身教育、学习化社会的形成成为一种可能，进而成为一种社会发展趋势。这不仅成为 21 世纪知识经济与信息化社会的一个重要特征，同时也成为加速推动高等教育国际化的重要动力。美国是目前世界上网络技术最先进的国家，由美国政府提供的跨校、跨地区甚至跨国的网络课程逐年增多，包括很多学位课程。教育的网络化极大地促进了高等教育国际化的发展。在网络技术快速发展的今天，高等教育国际化有了更多更加现代化的形式为人们提供教育资源和教育机会。各个大学网上图书馆的资料通过互联网可以让人们共享，会议性的学术交流活动、展览式的交流活动都可以通过互联网的视频技术得以实现。这些都成为人们可以利用的形式，比如借助网络技术和通信技术，人们可以在自己家里就获得国外学校的教学资源，并且有机会通过虚拟大学的学习获得跨国度的学位课程。为了让更多的人有机会通过网络课程接受教育，纽约国立图书馆、美国史密森里安国立自然博物馆、哥伦比亚大学、剑桥大学出版社、英国伦敦大学经济学院、英国图书馆，这全球六大教育机构联合建立了能够提供综合网上课程的网络平台。

---

① 马丁·特罗：《美高等教育政策比较》，张小琴译，《国际高等教育研究》2000 年第 4 期，第 30—32 页。

② 詹春燕：《高等教育国际化战略——英国经验及其启示》，《湖北社会科学》2008 年第 4 期。

美国国会图书馆在2011年发起了一场创建世界数字图书馆的运动，主要内容是把世界各国的国家图书馆保存的资料转化成数字版。这样做的目的是通过这项活动使得全球的资源能够共享。诸如此类的活动的目的都是促使全球文化对话，这同时也促进了高等教育国际化的发展。信息社会高速发展的信息网络技术极大地促进了高等教育理念的传播，加速了高等教育国际化发展。

此外，一系列新的传播工具（比如推特、脸书、微博、微信、QQ、各类社交网站等）和传播载体（比如电子书、笔记本电脑、便携式媒体播放器、苹果系列产品、安卓手机、各类app应用软件等）的出现，显著拓宽了高等教育的传播手段和渠道。文字与声音、图片、动画、影像的巧妙结合，使得教育一改之前枯燥乏味的书本教授形式，以极具创意、生动活泼 引人入胜的新面貌出现在受众面前，教学内容得到极大的丰富，其传播空间也大大拓宽，通过资源共享和网络传递，真正实现了“教育无国界”的目标。

可见，在科技发展日新月异的今天，高等教育走向国际化已成为不可逆转之趋势，科学技术的不断发展，还将为高等教育的发展注入新的活力，进一步丰富教育国际化的内涵。

四 文化输出的现实需要

作为西方先进大国，英美两国的高等教育走向国际化是其对外文化输出战略的必然要求。

英国作为曾经的“日不落帝国”“世界工厂”、第一个工业化国家、第一个西方资本主义民主国家，其影响力曾无人能敌。在英语走向全世界的进程中，英国无疑发挥了至关重要的作用，正是“日不落帝国”用其坚船利炮进行对外扩张，建立了数不胜数的海外殖民地，推行语言、文化殖民政策，才促进了英语的全球化传播。当时的英国不仅采用传统的暴力掠夺和经济剥削来征服殖民地居民，还在当地以传教、兴办教育、推行英国法律制度、借鉴英国政治制度、传播英国大众体育等方式来主导当地的文化。很多地区的居民长期深受英国文化价值观的熏陶，思想逐渐被同化，进而对其宗主国产生认同。如今来看，这些无疑都是英国推动其教育走向国际化的重要内容。

二战之后，英国由于遭受战争创伤，其国际影响力有所下降。英国人开始通过文化、教育、外交等方式来挽救走向衰落的英国。丘吉尔就曾提出“三环外交”战略，其中很大一部分内容与教育国际化相关：在“第一环”英联邦国家上，英国的重点放在“英语以及英国艺术和科学的长期对外教学，大力推动英语教学和文化交流”上；在“第二环”的加拿大、美国等英语国家，重点放在发展国家间教育、科学、技术领域的交流上，着力改善英国在这些国家中死板、教条的形象；在“第三环”的欧洲，文化外交项目则以教育、文艺交流为主。① 这些政策在一定程度上提升了英国的国际影响力，同时也推动了英国教育走向国际化的进程。

如今，虽然昔日“世界老大”的威武雄霸已日落西山，但余晖尚未散尽，心有不甘的英国人仍旧在世界文化版图上占据一席之地，保持着一定强势，并力图通过不断对外宣扬其文化意识形态，与后来居上的美国势力相抗衡。在经济一体化、政治多极化、文化多样化的大背景下，英国作为历史悠久、思想底蕴深厚的文化大国，势必要在文化、科教等领域加大发展力度，以增强其“文化软实力”，积极地对外输出其文化和思想意识形态。其中，英国文化协会的发展便是有力证明。该协会早在 1934 年就已成立，如今已在全世界 109 个国家的 200 多个城市设立了办事处，它们定期地组织包括 IELTS、CAE + CPE、TOLES、ICFE 等在内的多项英语资格考试，被看作是“世界上最大的英语教学机构”。② 不仅如此，英国文化协会每年还会派出一些优秀人才前往各地办事处进行英语教学，推广英式价值观、宣传英国文化等。由此可见，英国人以海外文化协会为载体，利用英语、英国文化作为传播纽带，在推广英国文化意识形态的同时，也强化了与这些国家和地区之间的关系，使其教育事业更加国际化，更加开放地面向世界。

再看美国方面，美国政府一直都以当今世界的领导者自居，从意识形态到具体的科技都希望能够引导世界的发展方向。从意识形态来看，美国人具有强烈的命运感、特殊的使命感和上帝的选民感，美国思想文化中最典型的特征是天赋使命、自由主义等内容。“天定命运”的思想指的是美国人具有的强烈的使命感。作为上帝选择的特殊国度，美国，准确地说是

---

① 李德芳：《英国文化外交的世界影响力》，《当代世界》2012 年第 4 期。

② http：//en. wikipedia. org/wiki/British_ Council.

美国人对人类社会的发展和命运有着一种特殊的使命感和责任感。这种“天定命运”的思想在美国白人文化之中非常普遍而且根深蒂固，这甚至成为美国文化中最重要的内容之一，在历代的文化传承中有着极为深远的影响，而这种思想是美国文化传播与教育国际化传播的动力和主要因素。美国人的这种普遍存在的天赋使命的意识使他们认为美国社会是未来社会的理想模式。为了世界各国的共同利益和民主与进步，美国人有责任和义务向其他国家传播和推行美国的价值观念。美国人的这种使命感随着美国国家的诞生和美国在世界上的霸主地位而得到增强，通过教育与文化的交流来传播美国文化就成为其目的之一。

除了意识形态以外，宗教是美国人生活中重要的不可或缺的部分，对美国的影响是广泛和深远的。中国学者董小川认为，美国公民宗教是美利坚文化传统的主要内涵。作为文化，美国公民宗教是美国文化的核心，是维系美国存在的根基。作为宗教，美国公民宗教是美国意识形态的主题，它既有传统宗教的特点，也有社会政治的表现。美国的宗教组织和有宗教背景的私人组织，包括基金会等都会介入政府文化活动，到海外创办教会与文化项目，以宣传美国的宗教文化。这也是高等教育国际化进程中重要的内容。

第四节 美国密歇根州立大学高等教育国际化发展案例

位于美国北部五大湖区的密歇根州立大学（Michigan State University）创建于1855年，是美国西北部地区的第一所大学，也是美国最早根据《赠地法案》建立的大学，是一所著名的公立大学。经过近200年的发展，密歇根州立大学已经成为在全美的公立学校排名中一直名列前茅的、具有独特办学理念和宗旨的综合性大学。大学的校址位于美国密歇根州的首府东兰辛市（East Lansing）。由于农业大学的前身和重点专业园艺系的原因，密歇根州立大学全部校园占地面积约5200多英亩，其中包括98英里的行人道、12英里的自行车专用车道和33英里的公路。这里的校园是公认为最美的，参差错落的、风格各异的历史建筑代表着密歇根州立大学深厚的历史底蕴；布局别致、独具匠心的各种花园、绿地和茂密的树木与整个校园配合着，显示了以农业和园艺业发展而来的历史与专业特色；在交通的往返上，大学提供定时的校园巴士穿梭在美丽的校园里，散落在校园各部分的学生及教职人员可以从容利用大学巴士来安排时间及学习知识。[①]

密歇根州立大学（以下简称 MSU）的知名度从以下几件事可见一斑：《新闻周刊》（*Newsweek*）杂志评选全球大学 100 强，MSU 跻身其中；《美国新闻和世界报道》（*U. S. News and World Report*）是美国最权威的学校排名机构，MSU 被评为美国大学 100 强；2006 年，MSU 被《吉普林》（*Kiplinger*）杂志评为最有价值的公立大学前 100 位。截止到 2013 年 6 月，MSU 的在校学生总人数已经达到 4.5 万多名，大学里活跃着的学生社团和各类学生组织有 500 多个。大学各个学院和研究所目前开设的专业学科超过 200 门，其中很多学科在全美的排名中名列前茅，如工程学、工商管理、教育科学和医学等学科。同时作为有着悠久历史的综合性大学，密歇根州立大学的学生不仅有来自于美国 50 个州的国内学生，而且还有来自世界 125 个国家的国际学生。[②] 在吸引国际学生方面，密歇根州立大学不仅一直以来极为重视，而且颇为成功。因此密歇根州立大学已经成为全美国际学生最多的大学之一。

一 密歇根州立大学教育国际化的办学理念与策略

随着现代社会的发展，科学技术的进步，全球知识网络的不断延展，世界各国之间经济联系的日益紧密，国际政治关系的日趋复杂，高等教育的国际化也成为必然的发展趋势。美国政府在高等教育国际化方面着意实行由“国家—政府主导型”大学逐步转变为“政府—院校协作型”和“院校主导型”大学。密歇根州立大学这所 19 世纪的政府赠地公立大学的先驱大学也开始了现代化、国际化高等教育的改革和转变。密歇根州立大学就是在这样的社会背景下大力发展其高等教育的国际化并取得卓越的成绩，逐步转变成了面向世界最前沿的“全球型”大学。

---

① http://university.bailitop.com/Universities－index－id－195.html? bdlx_ dxs_ usd243_ usd308220.

② http://www.eic.org.cn/News/200611/20061116121437.html.

密歇根州立大学有着非常明确的办学理念，明确地提出大学使命是“创造、交流、保存和应用知识，并培养挑战当下和充实未来的领袖和市民”。MSU 一直致力于通过践行其办学理念为密歇根州、为美国和世界人民服务。大学的使命是大学办学理念最为重要的部分。这不仅是因为大学办学理念传达了一种价值观念，同时也因为它是大学开展一切教学和科研活动的依据和准则。大学里的活动，如教学、科研、社会服务、制度建设等，都是围绕这一核心价值展开的。正如沃顿校长指出的：“我们坚信，如果一所大学想更好地服务于她的学生和更加广阔的社会，那么她就必须把国际化作为自己前进的方向。世界在发生着巨变：几十年前对我们来说遥远而不重要的事情，今天正在直接影响着我们的生活和我们的未来。一个相互联系的世界正在形成，我们的大学必须对这一现实做出反应。”①这就是 MSU 的国际化发展的宣言。

（一）把握方向——国际化发展战略的研究

密歇根州立大学抓住高等教育国际化发展的历史契机，根据自身的特点，在不同的发展阶段制定相应的国际化发展战略，将国际化纳入教学和研究等整个办学过程之中。从 1959 年开始，MSU 在不同的发展阶段出台了一系列的长期发展战略规划，为各个阶段国际化的发展指明了方向。1959 年 8 月，密歇根州立大学提出了一份以《走向国际化的密歇根州立大学》为题目的报告。这是 MSU 的第一份国际化战略报告，长达 150 页。它是来自大学各个院系的 60 多位教职员工经过一年的周密调查研究形成的。这份报告首次提出了大学在国际化发展方面应该实现的长远目标，也就是全校性的总体规划，同时也把实现这些目标应该选择的具体路径与做法明确地提出来了，其中既包括学校各个院系需要配合总体目标完成的具体任务，也就是各个院系在总体目标下的子目标，也包括了应该在海外寻求的具有可能性的资源。这个报告既有宏观的指导方向，又有具体的实施策略与步骤，为 MSU 的国际化发展有一个良好开端奠定了坚实的基础。

MSU 第二份具有重要意义的关于大学高等教育国际化发展战略的报告是 1966 年形成的。首先是成立了一个由来自全校各个学院的几十名成

---

① “Ford Foundation Annual Report”, www.fordfound.org/eli - brary/doeuments/1956, pp. 116 - 117.

员组成的国际项目评价委员会。经过其成员的共同研究，以及全校教师、学生积极参与研究、讨论、公开听证会等重要环节，博采众议，最终形成了一份报告，题目是《密歇根州立大学的国际焦点》。随着大学的国际化进程逐步加快，这类研究被作为惯例一致延续下来。借鉴了前几次研究的成功经验，在20世纪70年代，MSU继续进行了几次相类似的更大规模的研究。其中重要的，也是比较有代表性的成果是1976年由学校国际研究与国际项目主任办公室发布的研究报告，题为《大学与世界事务》。在这份报告中最具重要性的是那份当时任大学校长的沃顿(Clifton R. Wharton)先生的声明。1980年，学校再次组织全校性的研究和讨论，并形成了一份新的报告。

最初的《走向国际化的密歇根州立大学》发展战略，在大约50年前为这所刚刚开始走国际化道路的大学指明了发展的方向。接下来的一系列研究报告说明了MSU关于大学国际化发展的研究始终没有停顿，国际化研究伴随着这个大学的每个发展阶段。正是这些研究直接促成了学校在国际化战略上的重大规划与决策，为整个大学的国际化发展起到了把握方向的重要作用。

（二）整合资源——大学的国际化纳入整个国家的国际化

密歇根州立大学的发展战略一直面向国家、本州发展的需要，因此大学的国际化就是整个国家国际化的一个组成部分。在密歇根州立大学150周年的庆典上，校长露·安娜·K. 西蒙博士的演讲很好地诠释了MSU这一国际化发展的理念。她在演讲中说道："我想用'大胆的创意'的提法，这为密歇根州立大学确定了发展的道路并明确了我们的责任，对密歇根州人民、对我们当前以及潜在的全球的合作伙伴和投资者负责。我们的方针是由19世纪的政府赠地公立大学的先驱转为面向21世纪的'全球型'大学，而这也经受住了时间的考验。'大胆的创意'为我们确定了道路，并为我们提供了一个框架，使我们借鉴并采取必要措施，以达到我们的既定目标。"①

MSU的战略性目标定位不仅仅是服务于密歇根州立大学，也不仅仅

① 美国密歇根州立大学校长露·安娜·K. 西蒙在2008年2月12日建校150周年庆典上的演讲。

是服务于密歇根州的经济发展需要。这个战略目标具有更大、更深远的意义，远远超出了校园，是要有计划地集中精力去解决全球性问题，设计持续性的方案，这关系到密歇根州和世界各地。从大学的角度来看，有两层含义：一方面，大学要把自身的国际化目标与国家国际化进程的目标统一起来，根据国家的需要和大学自身发展的需要来规划大学的发展。这也同时尽到了为国家需要而服务的义务。另一方面，社会上其他企业、机构或组织的国际化意愿与需求也被 MSU 纳入合作的对象中。大学要根据自身发展需要充分整合和利用并争取更多的机会与资源，采取综合性的、更加有效的合作推动大学进行国际化发展。

1951 年，MSU 开始了初期的国际化项目。这是与当时杜鲁门总统的“第四点计划”相配合的。杜鲁门总统上任之初就提出了著名的，在后来逐渐完善、发展，成为美国国家战略的“第四点计划”。其基本内容是：“执行一项利用美国先进的科学和发达的工业来改进和发展不发达地区的新的果敢计划。”这个计划是杜鲁门主义的代表，适应了二战后美国企业向世界扩张的迫切需要。这也是其之所以能够成为美国国家战略，并在相当长的一段时间里对美国的对外交往决策起决定性作用的重要原因。

当时 MSU 是积极配合并回应了美国的国家需要的。作为第一所土地赠地法下建立的大学（Land—Grant university），MSU 在其发展理念中一直把紧跟国家发展的目标和形势，根据国家需要做出及时反应作为大学的一种义不容辞的责任；同时结合大学自身发展的需要，把这种结合作为特色保留下来，对 MSU 国际化的发展起到了巨大的推动作用。MSU 的国际化项目始于 1951 年：一个是根据美国教育委员会（American Council of Education）的要求，援助建设日本的琉球群岛大学（University of Ryukyus），这个大学在当时美军占领的冲绳岛（Island of Okinawa）。另一个是由“第四点计划”直接资助的，由大学来执行的项目，即借助自身农业大学的优势，帮助哥伦比亚国家大学加强农业方面的学科建设。

MSU 在国际化发展的各个阶段一直以国家的需求与自身发展需要相结合为主要目标。MSU 的领导集团，特别是以第 12 任校长汉纳（John Hannah）教授为首的大学领导机构，目光敏锐，非常善于抓住机会，能迅速地先于其他大学在第一时间做出反应。MSU 在与其规模相当的大学中是率先设立国际事务部并任命国际事务主任的大学。MSU 把开展国际合作的自身需要与许多大企业的占有更多国际市场的国际化发展战略结合起来，因为双方有共同的需求，都是想要走出国门，走向世界。MSU 跟福特公司合作，于 1936 年成立了福特基金会。这是一个地方性慈善组织，1950 年以前在密歇根州一直具有相当大的影响力。1953 年，福特基金会提供给 MSU 的项目资助达到了 5.1 万美元之多。这个资助主要是用于改善巴基斯坦农村人口的生存状况。MSU 的主要工作是负责培训那些将要被派到当地农村地区工作的行政官员。这个培训项目为期 9 个月，首先是从世界各地挑选优秀的巴基斯坦青年，然后这些青年到 MSU 参加集中的学习和培训，之后再回到巴基斯坦接受国家委派的任务。这个培训项目的主题是发展性的，而不是一般性的管理培训。① 在接下来的几十年里，MSU 又先后同凯洛格（Kellogg）、卡内基（Carnegie）等大企业合作，把双方的国际化战略结合起来，实现了各大企业走出国门、打开国际市场的战略需求，更重要的是获得了许多发展不可或缺的资源。这种办学的理念和做法让 MSU 既为国家的发展做出了贡献，又在高等教育国际化的道路上走在前列。

与美国国际开发署（The U. S. Agency for InternationalDevelopment，简称 USAID）的合作是 MSU 与美国政府机构的合作中最为成功的范例。美国国际开发署成立于 1961 年，这是一个代表美国政府对外提供经济、技术与健康等方面援助的机构，隶属于联邦政府。与其合作是 MSU 整合社会资源、推进国际化进程的一个新尝试。1969 年，MSU 的汉纳校长退休以后就到国际开发署担任行政长官，任职 4 年。MSU 的拉尔夫 · 斯玛克勒（Ralph H. Smuckler）教授曾担任国际开发署的研究咨询委员会主席，主要负责的是审定主要研究项目，历时 8 年。1975 年，国际食品与农业发展委员会的第一任主席就是 MSU 的前校长沃顿（Clifton R. Wharton）先生。为国际开发署提供了如此多的高层官员，迄今为止，还没有其他哪所大学能像 MSU 一样做到这一点。

（三）打破界限——促进跨学科、多元化的项目开发

在 MSU 踏上教育国际化发展之路的最初，跨越学科界限、努力打破学科与学院之间的界限就成为其国际化战略中的重要内容。1956 年，国际项目办公室（International Program Office）就是在这一理念的指导下建

① Simon, "president Simon's founders", *Day Address*, 2/9 2006.

立的。在建立之初，格兰·塔格特（Glen Taggart）主任是这样直接而明确地表达自己的观点的："研究、创造性活动、出版物以及好的教学是大学的核心。"① 这个项目办公室一直致力于把这些大学里的核心价值融入国际项目中，在项目中实现并拓展这些核心的东西才是他们追求的目标。

于是国际项目办公室一直被它的历任领导者定位为：这不是一个与其他学术单位进行资源竞争的机构，而是力求为全校师生提供一个更广阔的平台和更多的资源用于共享的机构。这个国际项目办公室的教授们都是来自并属于各个学院和系、研究所的，项目办公室并没有属于自己的研究和师资队伍。

这一理念在历任校长那里得到了很好的传承。如著名的校长柯尔曼女士刚刚上任就提出了"不合作就死亡"（Partner or Perish）的办学理念。多年来的实践证明跨学科研究和综合性教学才是培养人才、多出研究成果的方法。只有这样才更容易实现学术创新，这是完全的以学术和教学为中心的角度。这是柯尔曼校长结合自己多年的办学经验，同时根据21世纪以来世界各国大学科学研究的发展趋势，提出的有针对性和前瞻性的大学发展理念。因此，MSU在人才培养、科学研究等大学核心功能中体现出的综合性的、跨学科的特色无处不在，这是在跨学科的、综合发展的理念下获得的成就。经过几年的努力，这种办学理念得到了强有力的推进。在柯尔曼校长的大力推动和倡导下，密歇根州立大学的交叉学科与合作项目发展得最为迅速。这种综合发展、跨学科交叉研究和发展所带来的优势逐渐显现出来。其中，最为突出的是对尼日利亚大学进行援助的对口项目和援助越南的项目。尼日利亚大学的援助项目几乎涉及了MSU的各个领域，如农业学、自然科学、工程、医药、社会科学、教育、哲学、人文等诸多学科。MSU援助越南项目的研究员和学者最多曾达五十多人，这其中包括了来自公共管理、心理学、经济学以及警察管理学院的诸多研究人员。这些学者有的是先加入这个援助项目进行工作，之后才被MSU录用为这个大学的专职教师的。此外还有援助巴西的项目，这个项目也是根据实际需要召集了农业学科和高等教育管理这两方面的专家。由此也可以看出MSU推动跨学科国际化战略的重要载体就是这些针对某个国家的专门项目。专题研究机构也因此奠定了重要地位。

---

① ［美］理查德·雷文：《大学的工作》，外文出版社2004年版，第98页。

最有竞争力、地位最高的研究中心当属非洲研究中心。虽然这是较晚成立的一个研究机构，由于当时美国政府在非洲的战略规划和利益需求，使得政府投入大笔资金在非洲问题的研究上。为了迎合这种国家发展的需要和利益，实际也是为了获得政府在资金上的更多支持，MSU 设立了专门的研究机构和研究中心来研究非洲问题，同时采取了很多特殊的优惠政策来鼓励非洲问题研究，并且从国际项目预算中设立专用经费来支持。由于获得了来自美国政府及私人研究机构在资金方面的支持，MSU 的综合实力和竞争力得到了极大提升。

即使在今天，MSU 依然极力提倡跨学科的教育理念。在推进国际合作的进程中，许多项目都采用了跨学科推进的战略。其中最有代表性的是一个叫“全球城市研究计划”（Global Urban StudiesProgram）① 的项目。这个项目是由 MSU 社会科学学院推出的。这个项目实际可称得上是一个跨学科的研究中心。它提供了一个广阔的平台，MSU 各个学院的学者和学生，只要其研究课题与城市问题相关，当然包括研究世界各地的、诸多种类的城市问题，都可以参与进来。这表明跨学科综合性研究和教学目前不仅已经成为密歇根州立大学人才培养和科技创新的途径，同时更是这所与国家利益密切相关的大学服务于区域经济以及整个国家社会科技发展需要的重要途径。

二 密歇根州立大学教育国际化的办学实践

20 世纪以来，密歇根州立大学一直坚持教育国际化的发展方向，高等教育国际化作为一种重要的教育理念受到前所未有的重视，建设全球性的大学已成为其重要使命。

（一）开发国际化课程

开发国际化的课程是世界各国大学高等教育国际化的重要措施。培养国际化的人才和世界公民成为现代人才培养的目标，这就需要大学着重培养学生国际化的意识和对多元文化的适应能力，这也是高度国际化和高科

---

① 宋要武：《密西根州立大学（MSU）国际化进程的启示》，《临沂师范学院学报》2010 年第 2 期，第 5—8 页。

技社会的需要。

国际化是密歇根州立大学一直秉承的作为学校发展的重要宗旨和指导方向。课程改革是在实现这一发展战略目标的具体实施过程中的核心部分。MSU 一直努力通过这一措施将培养学生和教师的国际化视野与能力作为重要部分。而这围绕着提高课堂教学质量和水平，比如组织各项国际性活动，用以提升教师和学生的国际化视野。因此，在 MSU 的教育国际化发展中，课程的国际化一直占有着非常重要的地位。“国际化课程的对象既包括本国学生，也包括其他国家来美国的外国留学生。这些国际化课程的设计，目的在于培养学生在国际化的环境和多元文化的社会工作环境中的生存能力。课程的国际化既给本国学生提供了在海外接受国际化交流和教育的机会，同时很大程度上也能提高课程对外国留学生的吸引力。”① 密歇根州立大学过去 100 多年的教育实践，既是其教育内容与体系在自身发展的基础上不断吸收世界上最前沿、最新的知识的过程，也是不断向国际扩展的过程。尤其是在 20 世纪 80 年代后，课程内容所涉及的国际化内容逐渐增多。增设国际化课程是培养世界公民、解决全球化问题的需要，同时也是一个基础性的举措。课程的国际化程度越来越成为创建全球性大学的重要标准之一。

密歇根州立大学的前任校长柯尔曼曾多次表达过如下观点：美国在世界上各个方面都保持了一个大国的形象和地位。目前虽然美国面临着严重的经济危机，但是作为一个经济大国和军事大国，美国仍然有一个从未放弃的领导世界高等教育的“大国梦”。②

国际课程的改革与发展是其持续性的重要举措之一。随着国际社会形势的发展，MSU 的课程设置也不断做出相应的调整，在总体设计上不断增加国际性课程内容所涉及的国际化问题，在具体课程的设计上不断增加国际性的科目。进行课程改革，必须考虑到那些课程改革的推动因素。MSU 课程改革的原则是：外部世界，特别是国际社会是否发生了变化，哪些变化与大学的发展息息相关；学生是否发生了变化，大学的利益相关者是否发生了变化；根据这些变化进行课程改革，使课程设置具有较高的国际化程度。因此，MSU 国际化的课程覆盖面之广、教学内容的国际化

① Yu Kameo ka, “Internationalization of Higher Education”, *OECD Documents*, 1996.

② http：//dqlh. hust. edu. cn/luxx/256. jhtml.

程度之高都已达到了前所未有的高度。除了国际经济、国际贸易、国际问题等已有的国际化课程，社会科学、法律以及近年来新兴的全球性的环境保护和环境工程等专业领域也都大大提高了国际化程度。选修此类课程的学生人数也逐年增多。以工学院为例，每隔 10 年就要进行一次大规模的课程改革，这已经成为工学院的惯例。这使得其课程能够紧跟世界最新的发展步伐。密歇根州立大学在本科教育方面对实践教学环节非常重视，强调学生在学习过程中的实际经历和体验，通过鼓励学生自己做创新项目，大力提倡创造性学习，重视国际学术交流，人员、课程交换，请国际知名教授给本科生上课，等等。

谈到课程的国际化，就不能不谈到教育技术的重要作用。通过互联网，为学生们提供国际性课程，真正打破了国与国的界限。教育技术在过去几十年间的巨大发展为教育国际化开启了通往成功之路的大门。教育技术在美国更多地被称作“技术用于教育”（Technology in education）。在密歇根州立大学这个系叫做“学习、文化与技术”（Learning, Culture & Technology）系。以赵勇博士（美国密歇根州立大学教育学院副教授，教育技术中心主任）为核心的研究团队曾经主持了“Kids Learning in Computer Klubhouses”（KLICK）等多项有广泛影响的研究项目。他们的研究着重从社会、文化与心理的视角考察教育技术。[①] 他们通过互联网技术、更实用的教育技术，为整个大学，甚至全世界其他学生提供服务。通过与其他大学合作开发的网络资源，将很多知名学者教授的公开课，以音频和视频的方式上传到网上，免费为学生们提供。

（二）人员的国际性流动

人员的流动首先体现在招收国际学生和本国学生去海外留学。MSU 一直把学生看成是国际化的核心，通过各种方法吸引世界各地最优秀的学生。2013 年，国际教育交流开放门户的一份对美国各大学国际学生和国际交流项目人数的调查显示，密歇根州立大学受到国际留学生的青睐，排名已经进入前 10，位列全美第 9，其中来自中国的留学生比例最高。根据密歇根州立大学国际学生和学者办公室（OISS）的统计，2003 年有 1700

① 李海霞：《国际视野与自我超越——美国密歇根州立大学赵勇博士访谈》，《现代教育技术》2003 年第 3 期，第 5 页。

名左右国际学生，来自98个国家；2005年有3367名国际学生，来自127个国家；2011年有4948名国际学生，其中2011年秋季新生就达到1461名；2012—2013学年，密歇根州立大学有国际学生6759名，以占全校总人数9%的数量名列全美留学生人数排名的第9名。①

不以经济状况作为录取标准，对优秀的国际学生实施学费减免政策，目前申请各个学院本科专业的国际学生也获得了这个根据学生实际的经济需要得到大学经济资助的权益，这是MSU对国际学生吸引力增加的重要因素。20世纪80年代以来，中国学生一直是MSU校园中最大的国际学生群体。2009年有1895名中国学生，占全美中国学生总数的4.1%。从总的规模来看，中国学生人数从2009年至2011年，一年多过一年。2009年MSU的中国学生有1895人，2010年达到2408人，2011年达到高峰至3012人，占该校所有国际学生的50%左右，占全部学生总数的10%左右。其中商学院中国学生最多，2009年有中国学生1382人，2010年有1513人，2011年更是达到了1807人。工程学院国际学生规模排名第二位，2009年有中国学生429人，2010年774人，2011年859人，也是每年一个台阶地稳步增长。MSU的国际学生占总学生人数的百分比，从1950年的2.5%，逐年增加，2011年最高达到12.5%。也就是说8个学生中有1个国际学生，而16个学生中有1个中国学生。②

密歇根州立大学2013年秋季入学人数显示，国际学生人数呈上升趋势，这里有一部分生源是来自阿拉伯国家和其他国家。不过，来自MSU国际学生和学者办公室的布力格（Briggs）表示，这些国家留学生的数量根本不能和中国留学生的数量相比较，如今12%的大一新生是来自中国。布力格同时表示，大批中国学生来美接受教育这个现象源于中国富人数量的增加，很多爱子心切的父母希望给他们唯一的孩子最好的教育。不断放宽的签证政策以及中国境内的中介机构的引导，也是促成很多中国学子把美国作为接受教育的选择的原因。

密歇根州立大学国际学生和学者办公室为国际学生来美提供了周到、全面的帮助，包括新生入学教育、移民和签证协助，以及和外国使馆的联络，等等，甚至包括密歇根州立大学英语语言中心为本校学生提供诸如英

---

① http：//oiss. isp. msu. edu/document.

② Ibid. .

语语言课程和家教方面的服务。[①]

提供各类学生国际交流项目也是密歇根州立大学国际化发展的一个重要措施。MSU 为本校学生提供 270 多个国际交流项目，有超过 60 个国家的学校与 MSU 进行合作交流。根据来自该校国际交流办公室的贝格斯（Berquist）介绍，2007—2008 学年密歇根州立大学国际交流项目达到巅峰，但是随着金融危机的到来，参与这个项目的人数骤减。

成立专门的社区团体，这是 MSU 提高学生国际化水平的重要措施之一。其中发挥作用最大的是荣誉学院学生咨询委员会（Honors College Student Advisory Committee）。这个委员会根据调查研究得到的关于学生情况的第一手资料，实时地向本学院的管理机构甚至更高层的大学管理层提出有关学生工作的建议或提供重大决策咨询。比较著名的团体还有马赛克（MOSAIC）。这是一个多元文化组织，以促进不同文化和意识形态的学生交流为主要宗旨，这也是荣誉学院最新的一个学生组织。另外，还有荣誉学院的活动策划部（Honors College Programming Board）。这个部门的主要职责是根据学生需要来策划组织各种丰富多彩的活动。其中最有特色，也最受学生欢迎的活动是经常组织学生去教授家聚会。通过这种没有距离的生活化的交流，让学生们直接感受教授们学术之外的人格魅力与风采。这一系列措施是 MSU 国际化发展的特色和亮点。

（三）大力开展国际合作项目

密歇根州立大学在国际化方面的经验是得到美国教育界广泛认同的国际化样板，MSU 同其他大学达成的共识是：世界一流大学虽然都以各自的特色取胜，都会在某些方面具有先进性，但毕竟会受资源、条件、专业领域等的局限。只有认识到大学本身的优势和劣势，进而在大学之间、国际组织间进行合作与交流，才能实现资源共享，互利共赢，共同成长。MSU 一直致力于在多个专业和研究领域与国外一流大学建立密切的合作关系，给越来越多的学生提供参加海外学习、研究和实习的机会。

密歇根州立大学把加强与世界各国和各地大学的合作作为其一贯的发展策略。凭借敏锐的国际眼光，MSU 意识到了中国在国际上地位的提高，因此，有意识地加强与中国各个大学的合作。1980 年，中美建交不久，

---

① http：//www. eic. org. cn/News/200611/20061116121437. html.

中国刚刚开始实行改革开放战略，中国的大学还未开启与世界各国大学的合作之路。早在那时，MSU 就派出代表团来北京访问，目的在于为后来的与中国各地多所大学的合作奠定基础。MSU 的代表团当时受到了国务院总理方毅的热情接见。这次访问为后来中美两国大学间的合作创造了条件，也为大学如何发挥更大的作用以促进两国之间的关系提供了经验。这次访问的一个直接成果就是推动了密歇根州与四川省友好省州关系的建立。

开展国际合作项目除了政府的援助和支持外，MSU 积极发挥一些国际教育民间团体、基金会和其他大学的作用，推动高等教育国际化的进程。美国教育理事会（ACE）一项全国性的调查发现，各种类型的基金会对教育国际化的投入增长十分迅速。20 世纪 90 年代，各类基金会对美国国际教育项目资助的资金总额快速增长，与过去的 10 年相比，资助总额增长了一倍。[①] 美国国际教育协会（IIE）的年度报告显示，每个学术年度接受各种不同类型的基金会、各类组织以及私人捐助的国际教育项目就有近 300 项。这些资金主要用于民间团体和大学所举办的国际教育交流项目。以 2007 年为例，MSU 大学的筹资活动取得了巨大的成功，共筹集到了 14 亿美元，比预计的 12 亿美元超过了整整 2 亿美元。更重要的是捐赠的基金种类大大增加了，在这次活动中有超过 2 万的新捐赠人加入了，建起了 1000 多种捐赠基金。[②] 这些资金从根本上决定并提高了密歇根州立大学与政府合作项目、与世界其他国家和大学合作项目的可能性与可行性，保障了合作的成就。

总的来看，MSU 从多方位、多角度为大学的国际化发展提供了可能性以及切实可行的具体措施。从招生来看，用经济资助等各种留学生政策吸引世界其他国家最优秀的学生；为在校学生提供多种项目渠道和更多机会去其他国家进行学习、交流与研究、实习；在国际学生的生源规模与质量方面，充分发挥其校友资源在世界各国的作用，保持了与世界各个国家和地区著名高校之间的密切联系；在招生宣传方面，MSU 在世界很多国

---

① Hayward, Fred M., "Internationalization of U.S Higher Education: Preliminary Status Report 2000": *American Council on Education*. Washington. D. C: 2000.

② 美国密歇根州立大学校长露·安娜·K. 西蒙在 2008 年 2 月 12 日建校 150 周年庆典上的演讲。

家建立了自己的国际宣传基地，取得了很好的招生和宣传效果。高等教育的国际化对每个大学来说都是巨大的挑战，在很多方面，如人力、物力、财力等，都需要通过多种渠道来获得国家和社会的支持。MSU 的成功经验是充分利用其校友资源和学校的声誉等，多种渠道获得社会捐助、校友捐助。这些都是值得中国高等教育在国际化的发展过程中学习与借鉴的地方。

第五节　英、美两国经验对我国高等教育国际化发展的启示

与英、美两国教育发展所具备的优越成长环境相比，我国的国际教育在发展的起步阶段“先天不足”，在历经曲折之后终于迎来发展的新契机。随着经济全球化的巨大影响，高等教育国际化成为未来世界教育发展不可逆转的趋势。近年来，我国综合实力快速提升，国际环境也得到极大改善，我国高等教育实现大发展的时机已经成熟，发展前景十分光明。我国急需从他国先进的经验中汲取营养，以快速推进我国高等教育国际化的整体进程。而英、美作为高等教育国际化程度较高的两个教育强国，其发展经验值得我们借鉴学习。那么，两国的经验究竟给我们带来哪些启示呢？

一　营造优良的国际环境

以英、美为代表的西方教育强国，无一不是具备灵活开放的外交战略思维、在国际舞台上一呼百应、游刃有余的世界型国家。它们通过一系列国际性或区域性的交流活动、合作条约和联盟协定等，与世界其他国家在各个领域保持着频繁的合作与联系。比如，“北约”组织的成立，使得以美国为首的欧、美、大洋洲众多国家在政治、军事、科技领域结为同盟，进而扩大了在经济、文化、教育领域的合作与交流。而欧盟——这一集政治实体和经济实体于一身，在世界上具有举足轻重的巨大影响力的区域一体化组织，则使得欧洲众多成员国在政治、经济、军事、科技、文化教育等方面的交流与合作更加紧密和全面。英国作为欧盟的重要成员国，充分

享受到了和平优越的国际环境及其强大的区域资源优势为教育发展所带来的诸多便利。区域内统一的政策支持、健全的教育体系、合理的资源分配、紧密的协作机制、通畅的人才流动体制、良性的竞争机制，使得英国的国际化教育水平得以迅速提升。应该说，优越的国际环境为英、美两国的教育发展提供了有力保障，在全球化日益深入的今天，能否营造一个优良的国际环境成为一国教育能否真正“走出去”的关键所在，我国务必引起高度重视。

历史的经验告诉我们，弱国无外交，教育的发展离不开稳定的外部环境，闭门造车的教育绝无前途。延续了两千多年的封建教育体制便是因此而走向终结。近代中国教育发展的几次“夭折”，都与当时恶劣的国际环境密不可分。如今，我们已深刻认识到，和平、友善、开放的国际环境是一国开展国际教育的基础。在加强自身教育建设的同时，与他国建立平等互信的关系也是教育走向国际化不容忽视的问题。只有与国际接轨、与世界保持紧密联系，广泛与他国加强文化交流和教育往来，共享教育资源，互相借鉴与学习，才能提升教育发展的国际化程度，提高本国教育的国际竞争力。

当前，我国已经与全世界 172 个国家建交，还与多个国家建立了战略协作伙伴关系、合作伙伴关系、睦邻友好关系等多层级的双边友好关系，并加入了如世贸组织、上合组织、亚太经合组织等在内的重要国际性和区域性的组织团体。如今，中国是全球 124 个国家的最大贸易伙伴国，成为名副其实的全球第一贸易大国。此外，我国还开始更加积极地参与国际事务，为国际社会承担更多的责任，展示出一个负责任的大国应有的担当。近期我国发起的“亚投行”获得了广泛的国际支持，“一带一路”战略宏伟蓝图的提出彰显了我国在外交战略上的雄心。在世界各地广泛分布的“孔子学院”和“孔子课堂”也成为我国对外传播中华文化、提升文化软实力的“桥头堡”，发挥了积极作用。

应该说，这些举措无疑对于我国高等教育进一步走向国际化具有重要意义。然而也应该看到，与英、美两国相比，尚存在一定差距，我国的周边环境依旧面临诸多问题。钓岛争端、南海岛礁问题、台湾问题、中印边境问题、东突问题、暴恐袭击问题以及美国“亚太再平衡”战略等，均对我国外部环境的安全构成严峻挑战，这就对我国的外交战略提出了更高的要求。在未来，我们只有更加灵活务实地运用外交手段，积极参与国际事务，扩大国际影响力，获得更多国家的认可，打造一个规模庞大的“友华势力圈”，抵消和克服敌对势力的阻碍，才能真正营造出一个健康优越的国际环境，推动高等教育的国际化发展。

二 注重教育理念的创新

鸦片战争的惨痛教训告诉我们，保守、陈旧、封闭、偏狭、抱残守缺的思想观念是阻碍一切事物向前发展的大敌，教育发展亦然。只有不断更新落后的思想观念，创新教育理念，与时俱进，教育发展才能在国际竞争中立于不败之地。英、美两国正是遵循了这一原则，其教育国际化才取得了今日的成就。

以英国为例，英国教育理念存在两大重要传统——自由教育与科学教育。这两大传统诞生于其历史的不同时期，从初期的相互制约、斗争到最终走向融合，英国完成了其教育领域最重要的“蜕变”。而仔细研究这一“蜕变”过程，便能发掘出许多值得我们深思和借鉴的东西。

英国自由教育的传统出现于12、13世纪牛津、剑桥大学的诞生之初。大学主要为培养国家的绅士阶层、牧师等各种神职人员，以及各种层次的教师服务。教学内容主要是古典学科和经院哲学，传授普遍知识，通过教育来发展人的道德和心智，是当时牛津、剑桥教育的显著特征。应该说，此时的大学教育是一种古典自由主义的绅士教育。其倡导者们主张，自由教育所培养的人才，既要有健壮的身体，又要有“德行、智慧、礼仪和学问”。[①]“绅士要有经过教养的智慧，高雅的情趣，直率、公正、客观的思想，生活行为举止高贵，注重礼节，具体而言，我们在他的身上可以发现最高度的正直、体谅与包容，他有很好的修养，不容易受轻蔑言辞的冒犯。”[②] 从12世纪到19世纪初期，英国古典大学推行的都是自由教育，其教育目的不是进行狭隘的专业教育，而是提供全面知识的自由教育，强调人性的养成，以培养具有高尚德行的绅士。这一独具特色的教育理念在当时世界范围内得到了相当程度的认可，为英国教育走向国际创造了条件。

---

① ［英］洛克：《教育漫话》，人民教育出版社1963年版，第76页。

② 顾明远：《教育大词典》，上海教育出版社1991年版。

然而，进入19世纪后，自由教育统治大学的根基开始动摇。工业革命推动了英国资本主义的高速发展，急需各大学提供大量的工业实用型人才，以促进生产和推动社会进步。英国人被迫开始对其大学理念进行创新改造。英国大学开始加强实用科学方面的建设，高等科技教育迅速兴起。培根提出"知识就是力量"的口号倡导实验科学。赫胥黎认为："对于人类心智的充分训练而言，自然科学的学习是必不可少的。"① "科学教育的最大特点，就是使心智直接与事实接触，并且以最完善的归纳方法来训练心智。"② 可见，此时英国人的教育理念发生了变化，大学教育的目的转变为培养科技人才使之为国家利益服务，促进社会发展。到20世纪，两次世界大战使英国充分认识到了科技实力及其在军事上的运用对国防力量建设的重要性，进而再次对其教育理念进行了调整，提出建立一个以大学为核心的完整的技术专业教育体系，以培养足够的能将科学研究的成果应用于实际的科技人才。此后，在英国建立了多所技术学院，大力促进科技教育的发展。同时，广泛吸收国内外人才，快速提升教育的国际化程度，加强了大学与工业界的联系，在产学合作上达到了新的高度。

然而，一味坚持科学教育的理念也存在一定的局限性。19世纪以来，科学教育虽然给世界带来了巨大的物质财富，但其过分注重科学知识的传授和技能的训练，忽视了科学精神和科学方法的培养，使得科学的发展与人性的发展有所脱节。20世纪以来，英国人逐渐认识到，自由教育与科学教育两种教育理念走向融合是大势所趋。贝尔纳在《科学的社会功用》一书中指出："必须打破科学与人文学科截然区别开来，甚至相互对立的传统，并代之以科学的人文主义。""科学不仅会造福人类，也可能会给人类造成祸害，它兼起建设和破坏作用……必须通过社会科学和人文科学的教育，尤其是科学的世界观的教育，使学生掌握真正的科学知识为人类造福。"1963年，英国政府出台《罗宾斯报告》，为自由教育与科学教育最终走向融合定下基调。它指出，英国高等教育的目的是不仅要培养专家，还要提高人的素质；增加学问知识，提高全民文化与修养。此外，高等教育必须进行基础科学研究，增进人文学科的学术成就，鼓励人们在文艺、人文学科与社会科学上获得高水平的学术成就。

---

① 殷企平：《英国高等科技教育》，杭州大学出版社1995年版，第40页。

② 章泰金：《英国的高等教育：历史·现状》，上海外语教育出版社1995年版，第31页。

进入21世纪，英国政府更加明确了教育理念的前进方向：加强高等教育与社会、与世界的联系，力图通过追求国际最高水平的、优秀的教育、知识和研究，通过转让专利、创办科学园、合作研究项目等多种形式，为社会经济与科技发展服务。这一理念体现了明显的国际化特色，为其国际教育的后续发展奠定了基调。

从英国教育理念的发展演变来看，由于英国人重视教育传统、秉承教育理念，并善于针对新形势和变化，创新教育理念，使其高等教育能够长期领先于其他国家，走在世界前列。从自由教育到科学教育，再到两者的融合，充分显示了英国人不断创新教育理念的高度智慧。

反观我国，英国的经验值得我们深思。从中国古代“两耳不闻天下事，一心只读圣贤书”式的传统教育；到近代以“夷”为师，一心研发国之重器；再到新中国成立初期，教育为祖国生产建设服务；到如今以提高生产力、创造社会财富为先的实用主义的教育理念，既体现了浓厚的中国特色，仿佛又能够从中找到些许英国发展道路的影子。在经济快速发展的今天，我们面临愈发严重的资源枯竭、环境污染、交通堵塞、公平缺失、道德沦丧等问题。这是否说明，我们在注重教育促进科技进步、促进物质财富增长的同时，是以牺牲环境、资源和人性之美作为代价的。未来我们的出路又在何方？

以史为鉴，我国有着与英、美两国迥然不同的国情，历史上我们也曾多次为教育发展方向而迷惘，在传统与革新之间、旧革新与新革新之间犹豫不决，造成了我国教育曲折蜿蜒的发展历程。在21世纪这个知识大爆炸的时代，我们是否应该放弃传统而选择全面革新，成为值得深思的问题。对此，英、美两国的经验告诉我们：新理念的产生并不是对过去道路和传统的否定和摈弃，而是在继承传统的基础上，结合当今社会发展形势对教育理念进行渐进式的变革与创新。正如在英国，自由教育与科学教育最终走向融合一样，面对今后日益激烈的竞争，我们只有不断地运用智慧，以史为鉴，总结经验教训，在继承我国博大精深的传统文化的基础上，结合我国的实际情况，将西方教育理念融入我们的教育当中，“古为今用，洋为中用”，与时俱进地选择适合本国国情的教育理念，才能在教育事业上实现大发展，缩小我国与世界教育强国之间的差距。

三 高度重视师资力量的建设

不断改善和提升我国各院校的师资力量，是我国高等教育走出国门、走向世界的重要保障。与过去相比，我国近年来师资力量的发展是可圈可点的，同时具备一定的中国特色。不过，我国现阶段的师资队伍水平和国际化程度与英、美两国相比，还存在较大的差距。面对21世纪更为严峻的挑战，英、美两国师资力量建设的经验或多或少能给我们一些启示。

（一）政府和学校应加大放权力度，强化教师的自主治学

大学自治和学术自由是英、美两国高等教育发展过程中形成的优良传统和典型特征。政府通常不会对各大学的发展施加过多的干涉，学校保持着相当大的自治权。“大学一旦失去自治和成为教会或国家卫道士的时候，也就失去了它的高水平的学术地位和可贵的社会批评职能。”[①] 而在各个大学内部，教师的主体地位得到极大体现。比如，英国高校极度尊崇教授的权利，“教师至上”“教授治教”“教师管理学术事务”是基本原则。教授是核心人物，负有主持学校教学、科研工作、参与学校各级学术管理和培训学校各个层次教师的责任。这为高校教师们的主观能动性提供了极大的发挥空间，促进了大学的自主发展。

而在我国，过去政府对教育的发展管得太严，抓得太死，极大地限制了大学和广大教师队伍的发挥空间，形成了一套自上而下的僵化的发展模式，这显然是不可取的。因而我国随后在《高等教育法》中确认了各大学的办学自主权，并细化了规定，取得了初步的成效。今后，政府应该进一步地放开权力，通过制定法律政策和运用市场手段，来对高校的发展实施“宏观调控”，同时，利用高等教育中介组织来对高校教育活动进行监督评估，以调动高校的办学积极性，盘活教育发展的资源。另外，在学校层面，也需要进一步地放权于教师手中。尽快建立西方式的教授委员会制度，将更多的与教学和学术有关的事务交由教师们自行处理，并成立教师管理委员会，定期或择期对各项学术事务进行民主讨论，再由教授或学科

---

① 赵荣昌、单中慧：《外国教育史教学参考资料》，华东师范大学出版社1991年版，第167页。

带头人进行决策，使广大教师能够更多地参与到学院的发展建设中去。

（二）提高教师待遇，吸引海内外优秀人才，完善教师聘任制度

在英、美等发达国家，教师是一种高尚、体面、极具吸引力的职业。高校教师普遍收入偏高，待遇优厚，且等级分配差距较合理，保持逐年稳定增长的趋势，从经济上为教师的日常生活提供保障，使其能够全身心地投入到教学和学术研究中去。这也正是英、美两国各行各业乃至全世界各地的精英分子都乐于加入到其教师队伍中去的重要原因。

我国自 20 世纪 70 年代末调整知识分子待遇以来，教师收入有所提升，但总体仍然偏低。我国的高校教师薪金水平与国际先进水平相比，没有任何竞争力，因而很难对国际优秀人才产生太大的吸引力，这也是造成我国目前师资队伍中外籍教员稀缺的重要原因之一。虽然也引进了一些外籍专家，但从总体比例上来看，依旧是凤毛麟角，与英国相比，差距明显。“2009 年，在英国的外籍教师占到了总人数的 23%……1995 年为 11%，现在高校管理队伍的 9% 为外国人。”① 目前我国国内教职员工的工资水平仅仅与一般公司职员持平，甚至更低，这是与教师职业的高前期投入、高知识含量和高脑力消耗强度是不相匹配的，很大程度上削弱了教师职业的吸引力。因此，在未来的发展中，我们必须通过进一步提升高校教师工资待遇，以提升其工作积极性，吸引优秀人才，尤其是吸引外籍优秀人才加入我们的教师队伍，进而增强师资队伍的整体实力。

此外，在人员招聘制度上，我们也应该严格把关。目前，英、美两国高校对教师主要采取聘任制，所聘用的教师大多具有博士学位，他们在进入大学之前就已经完成了基础性、学术性、学历性教育。英国还制定了一系列法规来规范教师任用制度，它要求教师招聘的过程公开、公正，必须向全国或相关机构单位公布招聘信息，使得来自国内外的优秀人才能够同台竞技、公平竞争。通过全面审查应聘者的学历、工作资历和科研成果等，由业内人士给出客观评价，再由全体教授集体表决，最终挑选出优秀的人才。此外，英、美等西方发达国家在教师任用上，极力避免“近亲繁殖”。它们面向社会招聘教师，一般不从本校毕业生中直接选留教师，

---

① 沈玉宝：《英国高等教育国际化的动因、特点及启示》，《北京教育》2012 年第 2 期，第 76 页。

以防止形成学术帮派。如剑桥大学就规定，本校毕业生必须在校外单位工作若干年后才有应聘本校教师的资格。

英、美两国的经验是值得我们借鉴的。目前我国一些地区的院校教师的招聘信息不够公开，招聘环节也存在不公平公正的情况，此外，许多高校存在“近亲繁殖”“任人唯亲”的现象，这些都是对教育发展事业极其不利的。在人才招聘的问题上，各院校应该严格把关，尽力杜绝徇私舞弊，面试评审小组成员应为各院系专家、骨干，同时邀请校外专家辅助考评，之后再由全体教师民主表决，学校进行核定，最终录用。

另外，在教师的聘任期限上，也应该尽快与国际接轨。目前，英国高校的教师身份有终身制和非终身制两个类型，一个教师要从非终身制身份转为终身制，需要经过严格的评估筛选，只有极少数成就卓越的人才有可能获得终身制任职资格。而对于非终身制的教师，采取“非升即走”的政策，以增强教师队伍的危机感，克服其职业惰性，保证学校的整体竞争力。

我国一直是长期实行教师终身制的国家，通过各高校的人员固定编制得以体现。针对我国的情况，照搬英国的教师任期制度是行不通的，这就需要我们采用循序渐进式的转变。我们可以先小范围进行试点，成功后再分阶段推行，先对新进教师采取合同聘任制度，再逐步向在职教师进行渗透，应留给未能继续留聘的教师充足的缓冲时间，而对于年迈资深教师则可继续保留任职资格至退休。之后，还应该对众多在各自领域做出杰出贡献的教授保留终身岗位。除此之外，相配套的岗位评定和考核制度也应该尽快落实，使师资队伍始终处于良性竞争的更新换代中。总而言之，只有聘任制度才能够真正意义上实现师资力量的优化配置和合理流动，盘活教育资源，提高教育效能。

（三）优化师资人员结构，建立分工合理、工作高效的教师队伍

师资人员结构是否合理直接影响到高校教师队伍的工作效率。英、美等国十分注重从职称结构、学历构成、学院结构等方面，调节人员配置，保持教学、科研、行政人员的适当比例，以求最大效率地发挥教师队伍的整体优势。比如，英国对高级职称的控制很严，规定不超过总数的40%，而英国高校教师高级职称所占比例约为28%，牛津、剑桥约占1/3。“西方发达国家高校中的管理服务人员比例较高，这有利于建立一支高效、精

干的教学、科研人员队伍。在高校总体人员中，一般教学人员所占的比例为18%—23%，研究人员为8%—12%，行政管理人员为30%—35%，文职技术人员为25%—28%，服务人员为7%—12%。"[①] 这一经验也十分值得我们借鉴，我们只有依据各校自身发展情况，建立人员配置合理的教师队伍，强调合理的分工和高效协作，才能有效提升师资队伍的整体实力，推动我国教育事业走向世界。

（四）提升在职教师的综合素质，筹措资金积极开展国外进修和本土培训

在严格把握好教师任用"入门关"的同时，如何提升在职教师的专业能力和综合素质，促进个人的发展也是值得关注的问题。目前我国已经形成了一套教师培训工作的完备体系，但效果十分有限，仍需不断改善。未来对在职教师的培养应该注重"走出去"。如今，各个专业领域的杰出人士、权威大家大都集中在西方发达国家。因此，我们的教师必须走出国门，大胆借鉴学习。政府、教育机构、各个院校都应该努力为教师创造条件出国进修，进行教育经验交流，参加国际学术会议，参与国外顶尖大学的科研实习工作。只有频繁地与高水准的教育力量进行交流学习，了解世界教育的发展趋势，才能拓展视野，跟上时代的步伐，为我国的教育事业培养更多的人才，提升师资队伍的整体实力。

不过，出国培训的机会毕竟有限，因此，如何进一步地完善本土培训体系，使其为我国培养更多优秀的国际教育人才，应成为我们重点努力的方向。目前国内不少教育培训机构组织的教师培训缺乏实质内容，上课、实训"走过场"，投入了大量金钱和时间却"没效果"的情况大量存在，这不但是对国家资源的严重浪费，更是对教育事业的发展不负责任的表现。因此，组建一个统一规划、职能分明、多层级的培训网络势在必行。国家负责为教师开展领域内或跨领域的交流搭建平台，由国内一所指定的高校牵头联络、主办相关课程培训和交流座谈，聘请各领域的权威专家进行知识讲授和经验传授，鼓励教师进行互动等。同时，鼓励优势带动弱势行为，使西部院校向东部院校的师资水准靠拢，使二三线学校向国内一流

---

① 李子江、李子兵：《国外高校教师队伍建设的经验与特色》，《大学教育科学》2006年第1期。

大学的师资水准靠拢等。另外，学校之间也应该开展校际教师交流计划，通过教学、科研、管理方面的师资互换切磋，达到共同提升的目的。

四　继续扩大留学生教育的规模

外国留学生人数是衡量一国教育国际化程度的重要标尺之一。近年来，世界各国都加紧进军国际教育市场，采取一系列措施吸引外国留学生来本国学习。英、美两国在继续利用其品牌教育和国际影响力吸引生源的同时，加大了境外宣传的力度，此外还通过设立不同层级的丰厚奖学金，加大与境外教育机构学历学分互认等举措，抢占国际教育市场。

我国的留学生教育在最近十多年取得了巨大进展，留学生办学规模不断扩大，留学生数量连年增长。教育部数字显示，“2012 年共计有来自 200 个国家和地区的 328，330 名各类外国留学人员分布在全国 31 个省、自治区、直辖市的 690 所高等院校、科研院所和其他教学机构中学习”。[①] 然而，面对日益激烈的国际留学生市场竞争，我国在提升自身教育质量的同时，也必须借鉴国际经验，采取有效措施，继续加大留学生招生力度，加快我国教育国际化的脚步。

（一）扩大留学生奖学金的投入力度和覆盖面

目前，我们已经形成了以国家政府奖学金、地方政府奖学金、高校奖学金为主体的外国留学生奖学金体系。未来我们还应该进一步加大教育方面的投入力度，尤其是扩大国家政府奖学金的覆盖面和国际认知度，使得更多国际学生愿意来我国各大院校留学。

（二）努力为外国学生来华留学提供更便利的服务

提升留学服务质量，简化来华留学综合成本，使留学生享受更为舒适便利、丰富多彩的留学生活，对于吸引海外生源、提升我国在国际留学市场上的竞争力至关重要。对此的具体建议为：

（1）不断完善外国人出入境相关法律法规，简化外国学生注册申请留学、办理学习签证和住宿证明等相关程序，降低入境留学的综合成本。

---

① 教育部：《2012 年全国来华留学生简明统计报告》，中华人民共和国教育部，2013 年。

同时，各院校进一步完善留学生管理制度，提高服务质量、提升工作效率。

(2) 进一步放宽外国学生进行勤工俭学的限制，助其自主获得学习生活经济来源。

(3) 政府协同各院校积极组织举办各类知识竞赛、文娱演出、文化体验等活动，丰富外国学生在华的留学生活。

(4) 与国际接轨，加快与境外院校、教育机构之间的学历学分互认进程，鼓励各校对外开展校际交换生、“n + x”模式项目等。

(5) 努力解决外国毕业生在华就业问题，为其创立就业信息发布平台和提供足够的实习机会。

五 提升文化软实力，积极开拓国际市场

广泛开展国际教育项目合作，是开拓国际留学生市场、促进教育国际化的有效手段之一。在当前留学市场激烈竞争的形势下，加强国家间的合作，广泛开发留学生语言培训、校际交换、“n + x”学历项目、姐妹计划等，是不容忽视的重要选项。政府和学校层面都应该积极主动地在国际上寻找合作发展伙伴，与他国政府、组织和院校建立互惠合作的伙伴关系，扩大留学生教育的规模。同时，还应该鼓励和支持国内各大院校走出国门，在海外开设分校和开发远程教育模式，与海外众多的孔子学院遥相呼应，将中国式教育推向全球。

（一）提升文化软实力，弘扬中国文化

在重视教育质量的同时，我们更应该通过扩大国际影响力和增强“文化软实力”来宣传推广留学生教育。对此，我国应该在外交上采取灵活策略，与世界各国广泛建立联系和开展经贸合作，积极参与国际事务，在国际上承担更多的责任，并通过参与一些国际性和区域性组织（如上合组织、亚太经合组织、世界经贸组织、东盟 10 + 3、亚投行等）举办的国际活动，配合国家“一带一路”的宏伟战略，扩大国际影响力，并以此为契机，传播中华文化，宣传我国留学生教育自由开放的政策和便利实惠的经济成本，以鼓励更多的外国学生，尤其是来自发展中国家、经济欠发达地区的学生前来留学，向全世界广泛播撒中华文化，开展汉语教学、

留学教育，进一步扩大留学生群体数量。

（二）切实提高教学质量

提升教学质量是一国教育发展的核心所在。改革开放以来，通过一系列的政策措施和建设投入，全国的教学质量整体上有了显著提升，课程体系更加完备，师资力量显著提升，教学成果日渐显著，为社会所培育的优秀人才迅速增多。然而，在教学方法、培养模式、教育评估体系等方面，我们还有很大的改进空间。

1. 改进教学内容和教学方法，更新教学手段，增强教学效果

在教学方面，英、美两国有很多经验值得我们借鉴。

第一，在教学内容上，为适应未来教育国际化的发展形势，我们应该增强课程设置的国际化色彩。对此，我们可开设更多的国际教育课程，并且将一些世界性的、国际前沿的问题融入课程之中。另外，邀请国际知名学者和专家教授来校进行访问、授课和讲座，也是改善教学内容的手段之一。最后，在教材方面也应该多下功夫。英、美两国的大学往往没有统一规定的教材，学生也没有固定的课本，所用课本是整个图书馆里的书。导师会根据社会发展的趋势和需求选择最新的、最有发展前景的内容来进行教学。将英、美两国的这一方案在我国完全实施难度较大，且容易引发教学混乱，导致我国整体教育水平降低。不过，这一教学理念是值得借鉴的。目前我国大学各个专业都有由教育部统一指定的几套官方教材，各院校在使用官方教材的基础上，应该广泛使用补充教材，注意让学生及时了解本专业学科领域最前沿的科研成果和发展动向，以激发他们的学习兴趣和研究热情，鼓励和培养他们进行自主学习的能力，从而增强教学效果。

第二，在教学方法上，以英、美两国为代表的西方大学也与我们有着不同的理解。他们十分注重培养学生的问题意识、沟通协作能力、自主分析思考和运用所学知识解决实际问题的能力，同时，课堂教学形式比较新颖。因此，与我国传统的灌输式教学不同的是，在英、美大学的课堂上，经常会安排一些小型的、非正式的小组交流讨论，通过学生与学生、学生与教师之间自由交换意见和观点，共同解决一个预设的问题。此外，教师还可能会以游戏和角色扮演的形式来对预设问题情景进行模拟，使学生能够自动融入情境中展开思考，以培养其灵活运用知识、实际分析和解决问题的能力。在对学生的评定和考核方面，西方人也有着自己的理念。与中

国大学的考试分数决定一切不同的是，西方大学的考试不太多，但学生大量的课程设计（Coursework）和现场讲解表演（Presentation）极其锻炼学生的逻辑思维能力、演讲能力和对知识的实际运用能力。在这样的训练下，学生不但能够全面掌握所学知识，而且具备实际分析解决问题的能力，真正成为“招之即来，来之能用”的实用型人才，自然会在人才市场上具备强大的竞争力。因此，这些教学方式是值得我们学习借鉴的。

第三，在教学手段上，我们也应该紧跟时代的脚步，注重现代科技手段在教学方面的运用，丰富教学手段的种类，进而提升教学质量。目前，电化教育器材和教材，如幻灯机、投影仪、录音机、录像机、电视机、电影机、VCD 机、DVD 机、计算机等现代化设备，以及 WORD 文档、PPT 演示文稿等多媒体软件都被搬入课堂。这些现代化设备和软件的运用，极大地提升了教学效果。不过，在这基础上，未来我们更应该参照英、美经验，将目光投向互联网，运用科学手段，大力开发以互联网为载体的海外远程教育，使得全球各地的外国留学生在电脑、手机、平板电脑等设备前，就能够接受来自中国的教育。这既能大大节省海外求学者的时间和金钱，降低我国高校的运作、管理成本，又能够保证较高的教学质量，因此具备广阔的发展前景。

2. 加快推进教学评估一体化，树立发展性评价理念

要提升教学质量，科学完善的教学评估体系必不可少。比如，英国就成立了英国高等教育质量保障局（Quality Assurance Agency，简称 QAA），对教学质量实施严格的监管，从学生服务、教学态度、教学方法与手段、教学效果、教师个人素质等多个方面进行评价，并接受政府严格的监督检查。

而反观我国，对教学质量的考核评价是我国教育管理中较为薄弱的一环。各学校对教师的教学能力、学生对教学质量的反馈并未引起重视，使得许多教学评估过程流于形式，评价结果无关紧要，并且还存在一定量的弄虚作假的舞弊行为。这使得教学评价不但无助于教学质量的提升，还浪费了教学和管理者的大量时间，致使教师产生负面情绪。因此，加速实现教学评估的一体化、引入国外科学严谨的发展性评价制度迫在眉睫。学校层面应该充分强调评价体系对于帮助教师发展、提升教学质量的重要作用，推动实现“评价—反馈—提高—再评价”的教学评估一体化流程。

即首先依据教师的教学情况给出评价，再将评价结果反馈给教师，并协助教师明确下一步进行提升的重点目标，在促进教师教学能力发展的同时，也提升了教学质量，使之形成一个良性循环、逐步提升的过程，这才是开展教学评估最重要的目的。

3. 正确处理教学与科研之间的关系，完善教学人员培养体系

目前，随着国内学校人员不断增多，专职教师、非专职教师、行政管理人员、专业技术人员在工作的统筹配合上时常出现职能不明、管理混乱、资源不能有效利用导致工作效率低下的状况。目前更是出现高校教师“重科研、轻教学”的不良倾向，一些教学型人才迫于形势压力，将大量精力投入到科研项目当中，致使其正常的工作任务难以完成或完成质量下降。长此以往，必将导致教学质量的整体下滑。因此，如何处理各类人员职责分类问题成为关键。就现阶段来看，我们建议将教师队伍划分成为 4 个序列：(1)“教学 + 科研”序列。这部分人具备同时承担教学和科研两方面任务的能力，对其可以从薪水待遇等方面进行区别对待。(2)“教学”序列。这一序列旨在培养一代教学名师，提升我国整体教学能力，不应对其做科研要求，并且还应设立高级讲师或更高级别的职称岗位以供其晋升。(3)“科研”序列。此序列为学校培养专职科研人员，以推动学校各院系的学科建设，对其不做教学安排。(4)“管理”序列。这一序列的教师不应参与教学和科研任务，是专业的管理人员，从事学校管理研究，强化管理业务素质。除了以上 4 个序列以外，还可以考虑引入一定数量的优秀兼职教师，以应对短期的教学任务。总而言之，要建立一个分工明确、职能细化、协作高效的教师职业体系，同时协调好教学与科研之间的关系，杜绝片面追求研究型大学的错误发展理念，不断完善专职教学人员的职业发展规划，增强工作积极性，加速提升教学质量。

六　构建合理的科研评估体系

目前，我国在科研领域投入巨大，国内院校都在着力完善各学科部门的建设，打造研究型大学，在科研领域也取得了客观的成就。不过，与国外发达国家相比，我国的科研水平并不算高，从而直接影响到我国大学的综合实力。这从每年全球各大学综合排行榜上中国大学并不高的排名就能

看出一二。近年来，为实现高等教育的国际化，提升我国教育综合实力，国家在科研领域下了很大力度，增加教育科研经费，完善科研人员培养机制，引进国际优秀人才，培育本国科研队伍，大力开发中外科研合作项目，鼓励国内院校对外广泛开展科研交流，支持优秀人才出国进行科研培训深造，等等，诸多措施取得了阶段性的成就，但从长远角度看，我国亟须为科研事业构建一个合理的评估机制，规范科研事业的发展，提升我国的科研综合实力。

1997 年，中国科技部在国务院各部门中率先将评估机制引入部门管理，科技部科技评估中心（NCSTE）应运而生，成为我国对科研成果展开评估的第一个实践者。直到目前，它仍然是我国政府机构中唯一一家专门从事科技评估的团体，但与国际先进的评估水平相比，还存在一定的差距和局限性。在这方面，我们可以参考英国的科研评估体系，再依据我国的实际情况，构建合理的科研评估体系。

（一）在政府之外，设立非官方的、具有权威性的中介评估机构

英国科研评估是由英格兰、苏格兰、威尔士高等教育基金委员会组织实施的，而高等教育基金委员会是独立于政府教育部门的非官方中介机构，不受政府行为的干扰开展工作，这使得科研评估的过程和结果更加公平和客观。而我国的评估体系则存在两大问题，一是评估机构数量少，覆盖领域十分有限。远远不能满足全国各大高校、研究机构的评估需求。二是非官方的中介评估机构数量稀少，除教育部高等教育教学评估中心、科技部科技评估中心等官方评估机构之外，鲜有具备权威性的中介评估机构，这使得评估的行政色彩过浓。同时，政府将过多的精力投入到评估工作中，不利于其对科研事业实行统筹全局的调控功能。

为改变这一现状，教育部在《教育部关于进一步改进高等学校哲学社会科学研究评价的意见》中提出，要完善以同行专家评价为主的评价机制。在突出专家与同行在科研评价中的主导地位的同时，要积极探索政府、社会组织、公众等相应研究成果受益者参与的评价机制。在我国目前权威社会中介机构不太健全的情况下，已有的社会中介评估组织应增强自身的权威性和公正性，建立一支以评估专家为核心的结构合理的评估专家队伍；同时要树立主动服务的意识，以高质量的评估来赢得政府、高校和

社会的信任，为自身赢得评估“市场”。① 这就要求我国今后大力推动高教评估机构，尤其是非官方的评估机构的建设发展，使其充分发挥专业水准，公正透明地对高校的科研水准和教学质量进行评估，监督和鞭策其不断实现自我突破，以推动高校科研水平的发展提升。

（二）针对不同类型科研类别，建立符合各学科特点的分类评价标准体系

目前在我国高校的发展过程中，由于片面强调科研成果的累积、一味追求成为研究型大学而出现的对自身的定位不够明确，与其他院校的学科设置发生重复、重叠、趋同的高校不在少数，这也是值得我们高度警惕的。只有将科研的发展与评估相结合，以评估结果指导科研方向，同时将其与国家的经费拨款相挂钩，才能使得各高校在科研能力建设中准确定位自身的类型，明确今后发展的目标，并以之为方向开展科研活动。同时，《教育部关于进一步改进高等学校哲学社会科学研究评价的意见》还指出：“要针对人员、项目、机构、成果等不同评价对象，不同的学科领域，基础研究和应用对策研究等不同研究类型，论文、著作、教材、研究报告、普及读物、非纸质出版物等不同研究成果形式，建立健全符合各学科特点的分类评价标准体系。”对于不同类型和层次的高校的评估，应该采取多套评估标准，在综合考量之后进行客观评估。

（三）严格评估标准，明确科研成果数量与质量并重的理念

现阶段，我国在衡量一所大学或研究机构的科研能力时，总是把科研成果的数量作为重要指标，动不动就用专利数、论文数等所谓的客观数据来说事，这并不能真实地反映一个机构的科研能力。而与之相对应的是，英、美等西方发达国家更加注重科研成果的质量成分。英国对科研的评估结果是以质量概况报告（Quality Profiles）的形式呈现的。评审小组会对申请报告中科研产出、科研环境和声誉指标三个部分的内容进行审核，其中规定科研产出的权重不得低于50%，科研环境的权重不得低于5%，声

---

① 康宏：《我国高等教育评估制度：回顾与展望》，《高教探索》2006年第4期，第20—22页。

誉指标权重不得低于5%,[①] 再判断其是否已经达标，使得高质量、高产出率的研究成果能够脱颖而出，客观地证明其科学研究水平。对此，我国在今后必须与国际接轨，更多地关注科研成果的质量高低，戳穿一些学校和机构依靠论文数量堆积所造成的科研能力“假象”，牢固树立科研成果数量与质量并重的科学质量观，正确把握数量和质量的辩证关系，从根本上改变简单以成果数量评价人才、评价业绩的做法，将创新和质量导向贯穿于科研评价的各个环节、各个层面，构建一个公正合理、开放透明、科学健康的高教评估体系。只有这样才能规范我国的科研发展，快速提升我国在科研领域的国际竞争力。

---

① “Research Assessment Exercise：Guidance on submissions ”，（2005 - 06 - 20）［2009 - 10 - 08］.

第五章　高等教育国际化与民族化关系研究

高等教育国际化是当今教育研究的一个重要课题，也是现代化教育发展的重要趋势。自20世纪以来，各国在积极采取措施，推动高等教育国际化后发现，全球的高等教育事业日益呈现趋同化的发展态势。此后，各国也开始重视推动高等教育民族化的发展，希望借此来重塑本国教育的“个性”。特别是一些第三世界发展中国家，在经历了全盘西化、生硬照抄西方高等教育体系后，陷入高等教育发展停滞的泥沼。这些国家也纷纷开始强调把教育民族化作为教育改革的重要指导思想之一。所以，当我们在探讨高等教育国际化时，高等教育民族化也成为一个无法回避的议题。

本章将着重探讨什么是高等教育民族化、高等教育民族化与高等教育国际化的关系以及如何在发展高等教育国际化的同时，推动高等教育民族化进程。

第一节　高等教育民族化内涵研究

一　民族、民族性、民族精神的概念界定

高等教育作为传承民族文化的重要载体之一，深深植根于本民族文化的沃土之中，具有非常鲜明的民族性。文化传承是教育承担的重要使命之一。所以在汉语中，广义的“民族教育”是指在传承本民族优秀文化传统的基础上，对国外先进文化引进、消化和吸收的过程；狭义的“民族教育”则专指对少数民族进行少数民族文化知识教育的过程。本章探讨

的即是前者。

在探求高等教育民族化的内涵之前，我们需要先梳理一下与之相关的几个概念：民族、民族性、民族精神。

民族又称“国族”，一般指的是一群人具有共同的起源、共同的先祖，在漫长的发展过程中逐渐形成的具有共同历史、文化等特质的共同体。这里谈的特质既包括共同祖先、相同的宗教信仰、统一的语言等“客观”特质，也包括一些基于对这个共同体的认同、对共同的深厚感情等“主观”特质。

早在1913年，斯大林就发表了《马克思主义和民族问题》一文，首次从历史唯物论的角度，为“民族”提出了定义。斯大林认为：“民族是什么呢？民族首先是一个共同体，是由人们组成的确定的共同体。这个共同体不是种族的，也不是部落的……民族是人们在历史上形成的一个有着共同语言、共同地域、共同经济生活以及表现于共同文化上的共同心理素质的稳定的共同体。……这些特征只要缺少一个，民族就不成其为民族、人们的共同体。”①

斯大林在这篇文章中强调“民族”这个共同体应该具有四个特征：共同的语言，共同的地域，共同的经济生活，共同的心理素质。斯大林说：“只有一切特征都具备时才算一个民族。”② 这就是说，虽然这四个特征在不同的民族其表现程度存在差异，但任何民族都应同时具备这四个特征，每一个特征都不可以缺少。因此，四个特征构成一个综合整体，呈现出民族的特色。

二　高等教育民族化的发展动因

当今时代，全球化作为一种势不可当，波及全球各个角落的大趋势，必然会对传统社会产生巨大冲击，促使传统社会对其文化结构做出适应时代需求的大调整。对于任何一个民族来说，只要被卷入了全球化的过程之中，那么它的四个基本特征也会处于一个动态变化之中。这个民族的文化

① 斯大林：《马克思主义和民族问题》，《斯大林全集》第2卷，人民出版社1953年版，第291—292页。

② 同上书，第295页。

也势必要进入一个新的调整阶段。

一个民族在受到全球化冲击之后，首要面对的问题就是文化的选择，即文化的整合过程。总的说来，不外乎以下几种情况：第一种情况，对外来异质文化进行激烈的抵抗。在某些民族中，外来异质文化与本民族的固有文化价值观存在巨大的分歧，对异质文化存在抵触心理，会激烈抗拒入侵的外来文化。这种情况多见于那些具有悠久民族历史传统，具有强烈的自豪感的民族。第二种情况，放弃本民族固有的传统文化，转而全盘接受外来文化，这种情况多见于那些人口较少的民族，在文化对抗中处于弱势的民族。第三种情况就是在保留本民族文化的前提下接受外来文化，并不断地把异质文化吸收进自己的文化。

上述三种情况就是民族文化在进入全球化过程之后的结果。但总体上来说，绝大多数民族都会或多或少地接受异质文化。在世界各国日益联系紧密的"地球村"时代，没有哪个民族能离群索居，远离全球化，生活在与世隔绝的真空中，只是全球化进程的速度与规模在时间与空间上的不同差别而已。因此任何一个民族想要抵制全球化、远离全球化，保持所谓的纯粹民族文化的努力都将是徒劳的。

在科学技术一日千里、飞速发展的今天，国际化教育已经由古代的游学逐步发展到今天全球范围内的留学生教育、学者互访、合作办学、教学制度与教育体制的借鉴、课程设置改革等全方位的国际交流活动；它从过去以探求知识、传播知识为目的的教学活动发展到今天的以经济利益为主导的多元价值需求的国际交流实践活动；它由古代学者私塾授课的教育活动发展到今天的有各国政府大量投入的国际交流实践活动。所以教育国际化是一种不以人的意志为转移的客观存在，消极对待教育国际化只会导致封闭和落后。

笔者认为，高等教育民族化存在以下必要性：

(1) 虽然各国都在通过大力发展教育国际化以最终实现教育的现代化，国际化也让各国的高等教育越来越趋同，但一个国家、一个民族的高等教育如何健康地发展，采取什么样的发展模式，是由这个国家、这个民族的基本情况决定的。基本国情对一个国家高等教育采取什么样的发展模式会产生决定性的影响。一个国家的基本国情决定了，即使是国外再好、再先进的教育理念也必须依照本国的基本国情进行对接、调整，进行完本土化之后，才能"洋为中用"，实现真正意义上的现代化。

(2) 本民族的特性和发展民族文化的需要也要求必须实现高等教育民族化。民族性是区别于其他民族的本质特性。民族性是基于共同语言、文字、历史而产生的民族认同。民族文化是民族性的一个集中体现。民族文化是各民族在其历史发展过程中创造和发展起来的具有本民族特点的文化形式。主要包括一个民族的基本价值观念、生活习惯、民族语言等因素。一个民族的历史发展水平将通过民族文化得到一个集中的反映。民族文化具有教育价值。一个民族需要将民族文化的一系列具体内容作为民族教育的重要内容传授给本民族学生。民族教育具有普通知识教育、职业技能教育所不具备的特殊教育功能。任何民族的教育事业要想发展，都需要从自己的民族特性出发。一个民族在引入外来教育理念、先进技术的时候也需要根据民族特性，加以改造、吸收、融合，否则就难以推动教育事业的发展。

(3) 要想培养民族人才必须大力发展高等教育民族化。只有培养出优秀的、适应时代发展需要的民族人才资源，才能提高全民族的基本素质。如果忽视教育民族化，没有在传授知识的同时，培养受教育者的民族意识，那么即使教育国际化和现代化发展到一定程度，也会造成本民族高端人才的流失，无法发展有自己民族特色的高等教育。最终只能沦为外国高等教育体系的追随者，而不是一个积极的参与者。

综上所述，笔者认为在全球化日益深入的今天，高等教育民族化的主题应该是在大力推进高等教育现代化的过程中，从本国的基本国情和历史进程出发，在高等教育发展过程中重视保持、传承和发扬本民族的优秀文化传统、民族精神；在国际化的大背景下进一步丰富民族文化、弘扬民族传统文化；传承本民族优秀的教育理念和体系，扬弃过时的糟粕，在推动高等教育现代化的过程中，鉴别、吸收、改造各国先进经验和教育理念，使之与本民族的优秀教育传统有机地结合，形成既具有全球普适性，又具有鲜明本民族特色的现代高等教育理论和制度。

第二节　高等教育国际化与民族化关系研究

一　世界高等教育国际化发展的民族性因素

高等教育国际化和民族化是当今高等教育事业发展的两大趋势。如何正确认识两者的关系，如何让两者相互促进，和谐发展，是我们亟待解决的重要问题。

教育国际化看起来好像是经济全球化之后的新事物，但实际上教育国际化最早可以追溯到古希腊时代的高等教育。那时跨国办学和留学之风已经相当盛行。柏拉图学院（Plato Academy）是古希腊哲学家柏拉图在公元前387年创立于古希腊雅典的一所学院，许多古希腊学者都曾慕名来此求学。这所学院成为西方世界最早的有完整组织机构的高等学府之一。柏拉图学院也是中世纪在西方发展起来的大学的前身。柏拉图学院为后世的学术研究奠定了重要的基础，深刻地影响了受教于此的亚里士多德。亚里士多德离开柏拉图学院后也建立了自己的吕克昂学院（Lykeion Academy），也被称作逍遥派学校（Peripatetic School）。

在上述两所学院就读的学生除了来自古希腊本土各城邦外，还有来自世界各地的求学者，柏拉图学院和吕克昂学院提供的教育都是高度国际化的高等教育。除了这两所学院外，公元前311年创立的伊壁鸠鲁学校（Epicurus School）和公元前300年建立的斯多葛派学校（Stoics School）以及后世的亚历山大博物馆（The Museion of Alexandia），以及巴格达智慧（Baytal - Hikmah）也都受到柏拉图学院国际化教育理念的影响。这些教育机构无论在办学理念、教育方式，还是学术研究上，都师法最初的柏拉图学院。

由于一国高等教育的发展深受本国经济发展水平、传统文化、民族思维定式等变量的制约，上述这些早期高等教育机构必然会在教育内容、办学理念和发展程度等方面呈现出一定量的差异，高等教育的民族性就是这些差异的具体综合体现。

二 高等教育民族化与国际化的关系

高等教育的民族化与国际化早在古代就密不可分，笔者认为高等教育国际化和高等教育民族化存在着下列关系：

第一，高等教育国际化和高等教育民族化存在对立统一的辩证关系，两者都是实现高等教育国际化的重要前提，是同一个问题的两个不同侧面。在现阶段，高等教育国际化和高等教育民族化是高等教育现代化的两个密不可分的重要组成部分。高等教育国际化昭示着高等教育现代化的前行方向，高等教育民族化则是高等教育现代化的具体表现。

现代意义上的高等教育国际化是伴随着经济全球化、信息爆炸而出现的产物。在地球村的时代，任何一国教育都不可能在封闭的状态下独自发展，所以为了实现教育现代化必须积极吸收国外先进的教育理念和先进经验。一个国家是无法在闭关锁国的状态下发展出现代化的先进教育事业的。

要想最终实现高等教育的现代化，就必须坚定不移地推行高等教育国际化。高等教育国际化作为高等教育现代化的急先锋，为高等教育事业消化、吸收最新的高等教育发展理念，扬弃陈旧、过时的观念，搭建现代化的高等教育体系，所有这些都是推动高等教育事业现代化的重要动力。高等教育国际化是对原有教育制度的革新和改进，是对本民族传统的扬弃和突破。

高等教育民族化是高等教育现代化的基石，只有牢牢守护民族性这块基石，才能保持、发扬本民族在悠久的历史长河中形成的高等教育的优良传统。外来的教育理论和教学方法无论多么先进，若不经过民族化机制的吸收、整合，是不可能有效地解决一个国家和民族所面临的问题的。只有保持民族特色的高等教育才是真正意义上的现代化教育。否则，离开了民族性的国际化就只能是无本之木，无源之水。最终只会产生“趋同化”教育，缺乏后续发展的推动力，只能跟在发达国家后面，亦步亦趋，这样是不可能最终实现教育现代化的。

第二，高等教育国际化和民族化之间存在相互依存、相互补充的关系。各国、各民族的文化在加速对彼此开放的同时，仍然需要保持一种多元化的基本态势。这一方面会促进人们对本民族传统文化进行积极合理的扬弃，去粗取精，从而更好地坚持和弘扬民族文化的优良特质；另一方面，加深对本民族一些文化落后成分的认识后，也会刺激该民族扩大对外开放的力度，强化和加速对外来多元文化优良特质的吸收过程。这样，对外开放和对内维护民族文化的优良特性将有机地结合成一股合力，推动各民族文化的合作与竞争，保持各民族文化的特性，形成既多元发展又反映社会现代化客观要求和时代特点的全球文化的“同一性”。显然，高等教育的国际化与民族化也是这样一种同一性的关系。

高等教育国际化与民族化是在高等教育现代化过程中出现的两种必然趋势，二者相辅相成，不可偏废。国际化要依托民族化而存在，而民族化又借助于国际化而发展，国际化是建立在民族化的基础之上的国际化。因此，只有走国际化与民族化相结合之路，才能推动高等教育不断向现代化演进。高等教育国际化不可抛弃民族化而独立存在。没有了民族化的教育国际化只会造成民族优秀教育传统的流失。抛弃了国际化，也只会发展出一个故步自封、盲目排外的民族化。高等教育国际化的目标并不是要消除其民族性，而是要通过各民族教育模式之间的借鉴、竞争和互相取经，使世界高等教育在办学理念、教育体制、人才培养等多个方面实现互相借鉴、相互渗透和部分同化，从而最终达到促进高等教育健康发展和共同提高的目的。

第三，在高等教育现代化发展进程的不同阶段中，高等教育现代化和高等教育民族化不会齐头并进，需要各有侧重。高等教育要想迅速实现现代化，就必须大力发展高等教育国际化，只有走出去，请进来，吸纳与借鉴国际上优秀先进经验、方法和理念，才有可能在短时间内将教育的现代化程度提高到一定水平。当教育的现代化程度处于一个较低水平时，固守教育民族化，闭门造车只会阻碍教育现代化的进程。

同样，在教育现代水平发展到一定阶段后，仍不经过本土化、民族化的吸收、调试，全盘引进，就可能造成水土不服，无法真正解决本国教育事业所面临的实际问题，也将逐渐丢弃本国优良的教育传统，不能将教育事业作为传承本国民族文化的前沿阵地；教育国际化也会始终在一个较低的水平徘徊，最终将失去教育的民族特色和独立性。

高等教育的国际化与民族化，可以说是现代大学教育的两个维度。它们从横纵两方面交织于大学教育现代化的进程之中。国际化要依赖民族化而存在，民族化又必须借助国际化而发展。两者之间有着本质的必然的联系。

第三节 中国高等教育民族化与国际化进程研究

一 中国高等教育的国际化发展历程

英语的university（大学）一词来自拉丁文universitas，意为综合和全面。当初设立大学这种教育机构的目的，主要是在专门为教士开办的修道院之外，为世俗人士提供教育。一般认为西方最早的大学是公元1088年在意大利博洛尼亚建立的博洛尼亚大学（Università di Bologna）。博洛尼亚大学由学生构成一个委员会。委员会负责聘用教师，支付教师工资，有权对教师进行解雇、罚款。中世纪南欧的一些大学就是以博洛尼亚大学的管理模式为蓝本建立起来的，所以博洛尼亚大学又被称为“欧洲大学之母”。

大学作为一种教育服务与研究机构，旨在开展教学、科研活动、技术研发与社会服务，为国家提供强有力的人才培养服务和智力支持，推动本国、本民族的学术发展，促进民族文化的继承与发展。

大学作为一种具有高等教育职能的机构，在中国可以追溯到上古三皇五帝时期出现的“成均”和“上庠”。周朝的京师，共有五种高等教育机构，在南边的称为“成均”，在北边的称为“上庠”，在东边的称为“东序”，在西边的称为“瞽宗”，居于中间的称为“辟雍”。因辟雍最尊，故以辟雍统称之。其中，成均原为黄帝时的大学，上庠原为舜帝时的大学，东序原为禹帝、夏朝时的大学，瞽宗原为商朝时的大学。战国时期齐桓公建立的稷下学宫是一种由官方创办、个人管理的高等教育机构。

汉武帝元朔五年，即公元前124年中国创建太学，自此，封建统治阶级才有了培养统治人才的正式官立大学。汉代太学的建立，标志着我国封建时代大学制度的确立。而地方也开始设立各级别的郡学、州学、府学、县学等地方官办高等学府，供各地适龄学生学习。

中国隋朝以后各朝都在京师长安、洛阳、开封、南京等地设立国子监。国子监，又称国子寺、国子学，是当时国家的最高学府，直接隶属礼部管理。一般设有“国子学、太学、四门学、律学、书学、算学”六个学门，承担国家科举考核、教育学生、规范学生言行、品德以及弹劾官员的职能。

唐朝以后兴起了一种不同于官学的高等教育机构——书院。唐玄宗在开元六年设立了最早的官办书院——丽正修书院。除了官办书院外，还有私立书院以及私立官助等多种形式。书院有自己的管理组织，还有隶属于书院的土地作为办学经费的来源，在经济上保持独立地位。

宋代，书院迎来了兴旺发达的时代。白鹿洞书院、岳麓书院、应天府书院、嵩阳书院、石鼓书院、茅山书院等都是这个时期出现的著名书院。

明朝永乐六年，明成祖在北京顺天府专门设置了教授边疆少数民族及邻国语言文字的教育机构——四夷馆，最初隶属翰林院，开始分为蒙古、女直（女真）、西番（西藏）、西天（印度）、回回、百夷（傣族）、高昌（维吾尔）、缅甸八馆，后增八百（缅甸）、暹罗（泰国）二馆，选拔国子监生学习。

同西方一样，中国也同样有着悠久的教育国际化的历史。中国的古代高等教育机构除了承担中华民族教育的重任外，也承担着留学生教育，开展教育国际化的工作。

从隋朝开始，中国持续接收了大量来自朝鲜半岛、日本列岛以及琉球等国的外国留学生，留学生教育始终是中外关系和中外文化交流的重要内容之一。朝鲜半岛是最早选派留学生来华的生源地。在中国古代留学生教育最为兴盛的唐代，新罗、日本等周边国家的留学生纷至沓来。

历史上来华学习的外国留学生以官派学生为主，但也有少量以私人身份来华留学的。接收来华官派留学生的教育机构是国家最高学府——国子监。中国非常重视这些来华的留学生，历朝国子监都专门设有“号舍”为这些来华留学生提供住宿。随着日本、琉球等国的留学生增多，国子监还不断扩建号舍，增设日本馆、琉球馆，让留学生安心读书。

来华留学生受到中国政府的高度重视。中国历代教育机构也因材施教，根据外国留学生的特点使用不同于本国学生的教学方法。来华留学生在华留学期间，刻苦努力，很多人都学有所成。留学生中的优秀者还可以在中国参加科举考试，如果通过考试还可以被中国授予官职，在华任职。学成归国的留学生也将中国当时先进的文化和制度带回本国，加快了这些国家的发展，促进了中国周边地区的发展和进步。

纵观中国千年高等教育的历史，教育民族化是中国高等教育发展的主流。历史上的这些高等教育机构始终从我国的国情出发，承担着传承民族文化的重任。

到了近代，西方列强用坚船利炮打开了中国的大门，让国人意识到落后就要挨打的道理，也就此改变了中国高等教育发展的方向。这时放眼全球，资本主义世界工业化体系已经逐渐完成，西方世界正经历着资本主义替代封建主义的近代化进程。清朝洋务派官员面对这种巨变，提出了“师夷长技以制夷”的口号和目标，在全国展开效仿西方的洋务运动。

洋务运动的代表人物张之洞在《劝学篇》中主张学习西方先进技术，全面阐发了“中学为体，西学为用”的思想。“中学”是指中国千百年来流传的传统儒家学说，“西学”是指近代西方最新的先进技术。“西学”是为“中学”服务的。张之洞强调“中学为内学，西学为外学；中学治身心，西学应世事”。“中学为体，西学为用”的思想本质是站在中国传统文化的一边，只接受西方先进的科学技术，反对吸收西方资产阶级政治伦理学说。

甲午战争以前，中国近代高等教育处于草创之初。洋务运动以后出现了同文馆、上海广方言馆等一批专门培养翻译人才的学校以及 30 余所近代新式技术学校。培养掌握西方先进国家语言和军事技术的专业人才是这些学校办学的重中之重。这些专门学校最典型的代表即是 1862 年成立的京师同文馆和 1866 年创办的福建船政学堂。洋务派通过兴办这些新式学校，大量引进西方 18 世纪以后的科学技术成果，译介了大批西方学术著作。这些学堂大都效仿西方教育体系，系统培养语言、科技人才，改变过去千百年来高等教育发展方向，对中国近代化的发展作出了不可磨灭的贡献。

在洋务运动中，为了培养懂得先进科学技术的专门人才，在同治十年（1871）清政府首次向美国派遣了第一批留学幼童，主要学习军政、船政、步算、制造等学科。到光绪二年（1875），共派出 120 名，原计划学习 15 年。由于留学幼童在美国留学期间，受到外国先进观念影响，有的接受了美国宗教的影响，逐渐信奉基督教，也有的留学幼童在学习西方先进技术的同时，也接受了西方资产阶级启蒙思想，主张激进的资产阶级革命，不再服从清朝封建势力的控制。最后，清政府决定在光绪八年（1881）撤回所有留美学生，终止了原定 15 年的留学计划。除病故和“告长假不归”者外，归国留美学生 94 人，只有詹天佑、欧阳庚二人完成学业，获得学士学位。容揆和谭耀勋拒绝回国，留在耶鲁大学完成了学业。李恩富和陆永泉则在征召回国后返回美国继续完成学业。

甲午战争以后，到20世纪初，中国进入了近代高等教育发展的重要时期。1895年盛怀宣通过直隶总督王文韶，报请光绪皇帝批准，在外国人创办的博文书院的基础上创办了天津中西学堂，提出“育才以自强”的办学宗旨。天津中西学堂设有二等学堂和头等学堂。二等学堂为初等教育，招收13—15岁学生，4年时间学习英文、数学。第三年起增设地理、物理等课程。另设有四书等中文课程，旨在培养学贯中西的近代化人才。头等学堂设置相当于西方的近代大学，设有美国总教习，负责华洋教习和学生的功课。第一年课业结束后，学生可以选择全面学习普通课程，也可以选择由洋教习授课的工程学、矿务学、机器学、电学、律例学等专门课程。天津中西学堂一般被认为是中国近代大学的雏形。

戊戌变法的失败，严重挫伤了已经起步的高等教育改革。为了维持风雨飘摇的统治，清政府在1901年发布谕令，实施新政，各地纷纷兴办新式学堂。在政府的号令、各地官吏的支持和个人的参与下，中国出现了留学热潮。留学生人数同新政前相比，急速增加了百倍。

1904年1月13日，继《钦定学堂章程》之后，张百熙、张之洞、荣庆等人又拟定《奏定学堂章程》，这是中国第一部包括高等教育在内的具有近代意义的全国性学制。因1904年为癸卯年，所以该章程又被称为《癸卯学制》。《癸卯学制》自1904年开始逐步实行，直至1911年辛亥革命以后废止。对旧中国的学校制度影响很大，以后中国各学校制度的建立，实际上都是从这个学制演变而来的。

《癸卯学制》是中国近代史上第一个正式颁布，并在全国实行的学制。《癸卯学制》主要划分为三段七级。第一阶段为初等教育，分三级，包括幼儿教育的蒙养院、“强迫教育”的初等小学堂（五年）和高等小学堂（四年）。第二阶段为中等教育，即中学堂（五年）。第三阶段为高等教育，分三级，包括高等学堂（三年）或大学预科、大学堂（三年至四年），以及相当于现代研究生院的通儒院。

这一时期，一衣带水的邻邦日本成功地建立起了近代化高等教育体系。教育事业的飞速发展又推动了日本的近代化进程。日本只用了短短40年时间就走完了西方国家花了200年才走完的近代化道路，所以当时中国的有识之士在探索中国教育发展道路的时候，也把关注的目光投向了邻邦日本。1898 年创办的京师大学堂的第一份章程就是由梁启超参照日本最高学府东京大学的规程制定的。这是北京大学的第一个章程，也是中国近代高等教育最早的学制纲要。

1908 年，美国国会通过《退还中国部分庚子赔款法案》，授权总统退还庚子赔款超出美国损失的部分，并将这笔退款用于资助中国学生赴美留学。在京设立游美事务部，由外务部等部门官员选拔学生，派遣出国留学。并在京开设机构培训赴美学生，成绩优异者可以随时出国留学。1911 年 4 月肄业馆更名为清华学堂，正式成为留美预备学校。清华学堂的学生经过 8 年的学习，毕业后可直接进入美国大学三年级学习。

清政府吸取之前派遣留美幼童时的教训，规定 80% 的赴美留学生学习工业、农业、商业、采矿等专业，其余 20% 的学生学习法律、政治、师范等专业。同时，清政府还向俄罗斯派遣少量满族、蒙古族留学生，以低龄学生为主，大部分都学习俄语。赴俄留学生有官费生也有自费生，留学学习阶段也大不相同，学习期限短则三个月，长则七八年不等。一般学习法律、政治、军事等专业。

1912 年，辛亥革命爆发，推翻了清政府的统治，结束了中国两千多年的封建帝制，我国近代高等教育的发展进入了一个新的历史阶段。1912 年至 1927 年的十多年间，中国高等教育进入了多元化探索的新时期。

民国初年，南京临时政府进行的教育改革，参照日本明治维新后实行的新学制，颁布《壬子癸丑学制》，对清末颁布的《癸卯学制》中有关高等教育的内容做了相应的调整，废除了清朝贵族学校。此后，教育部还陆续公布了一系列有关高等教育的法规法令。

1810 年，德国学者、德国自由主义的先驱威廉·冯·洪堡建立柏林大学，将教学和学术研究结合起来，并确立了近代大学独立和学术自由的办学原则，这被认为是现代大学的开端，被称为“现代大学之母”（Mutter aller Modernen Universitäten）。这种模式在美国最早被约翰斯·霍普金斯大学所效仿，到现在被世界各地的大学广泛采用。所以这个时期的中国教育家也对德国和美国的教育体系产生了浓厚的兴趣。曾留学德国莱比锡大学的蔡元培以德国高等教育为模式，对北方的北京大学进行全面改革。同一时期，一些接受美国教育，留学回国的学者也对南方的一些大学进行改革，以美国高等教育为模板，聘用一批留美学者来校任教，全面学习、效仿美国高等教育的成功经验。

此后20余年间，中国高等教育逐渐在借鉴、吸收欧美各国先进高等教育经验的过程中，最终确立了以美国模式为主的办学理念。在这个时期，美国高等教育模式对当时中国的教育体制、学分体制、课程设置、课程标准都产生了巨大的影响。

这一时期，中国高等教育在吸收借鉴美国教育模式之外，也在一些方面尝试借鉴欧洲的先进经验，比如效仿法国教育行政管理体系，设立中央和地方大学区两级管理体制。大学区的教育管理委员会负责辖区内高等教育的各个方面，确保教育部制定的各项政策能够在各学区内得到落实。此外，还引入了法国的业士文凭（baccalauréat）考试制度。但引进的这些欧洲高等教育制度最终都昙花一现，没有最终贯彻实施。

1949年中华人民共和国成立后，中国高等教育的发展进入一个全新时期。1949年10月《中国人民政治协商会议共同纲领》中提出“中华人民共和国的文化教育为新民主主义的，即民族的、科学的、大众的文化教育”。

在这一时期，受特定的历史条件和国际政治大环境的限制，教育模式采取“一边倒”，即向苏联模式靠拢。1949年中央政府在第一次教育会议上提出特别要借助苏联教育建设的先进经验。

此后，中国高等教育的发展模式几乎是照搬苏联的整套教育体制。50年代初期，新中国通过对旧有教育体制的改造，从根本上否定了过去师法欧美的资产阶级教育体系，建立了新的社会主义高等教育体系。

新中国成立之初国家需要大量的技术专门人才，为此，国家效仿苏联教育体系进行了大规模的院系调整。1952年秋季，中央教育部在高等学校教师思想改造的基础上，在全国范围内进行了高等学校的院系调整工作。调整方针是抽取、整合旧有的综合性大学中设立的专门学院，建立独立的专门学院，以便大量培养国家急需的专业人才，解决中国高等教育中工科教育薄弱的问题，但由于当时对世界高等教育规律缺乏了解，没有根据中国国情，而是将苏联教育体系不加选择地全盘引入。在全面否定欧美办学模式和民国时期积累的先进经验的同时，也将办学模式的多元化限定在一元化办学的条框之中。

1957年以后，由于中苏关系交恶，加上国内国际形势风云变幻，中国高等教育拒绝吸收来自欧美、苏联的任何先进高等教育理念，选择了独立自主的发展道路。

1966 年“文化大革命”开始，中国高等教育事业经历了三年不招生、招收工农兵学员免试推荐上大学之后，已经濒临崩溃的边缘。

经历了十年“文化大革命”浩劫后，1978 年召开的中国共产党十一届三中全会做出了把工作重心转移到社会主义现代化建设的重大决策。在经历了闭关锁国二十年所带来的种种灾难之后，随着改革开放基本国策的确立，中国的高等教育重新走向世界。

进入 90 年代，中央政府陆续制定、实施了《中华人民共和国高等教育法》等一系列教育法律、法规，推动了中国高等教育改革和国际化的发展。

1998 年 5 月 4 日，江泽民同志在庆祝北京大学建校 100 周年大会上的讲话中明确提出为了实现现代化，我国要有若干所具有世界一流水平的大学。“985 工程”随即启动，北京大学、清华大学作为首批获得国家较大力度经济支持的院校。之后，教育部和各省市自治区以及相关部门签订协议，对部分高水平大学进行共同建设，给予重点支持。通过“985 工程”的实施，我国高校已经初步建立起新的管理体制和运行机制，集中了中国的优质高等教育资源，体现了中国高校的办学特色，实现了高等教育跨越式发展，走出了一条符合中国国情、有中国特色的创建世界一流大学之路。

十余年的实践充分证明，“985 工程”是我国高等教育改革和发展探索出的一条适合发展中国家在条件比较困难的情况下追赶、超越世界先进水平的发展道路。当然，作为一种尝试和探索，由于中国教育基础薄弱，也缺乏经验，“985 工程”建设过程中还存在一些需要改进和完善的地方。

综上所述，我们可以看出，在短短的一个世纪里，中国高等教育的发展模式经历了多次转换，这在全球高等教育发展史也是绝无仅有的，这是受近现代中国基本国情、社会现实、历史条件等因素影响的表现。笔者认为，中国作为一个发展中国家，关起门来搞高等教育，拒绝吸收、借鉴任何先进国家的经验，无论是在过去“天朝大国”的迷梦中，还是在当代“自力更生”的口号下，都是行不通的。

高等教育的发展，既要受不同经济发展水平、不同政治体制和文化背景等具体国情所制约，也要受高等教育本身发展规律的制约。从一定意义上说，近百年来，中国高等教育发展模式的转换就是在如何认识和正确处理高等教育国际化和民族化的过程中艰难推进的。回顾这百年来中国高等教育走过的历程，笔者认为不能只强调中国的特殊国情，而忽视各国在高等教育发展历程中获得的普遍规律、有效经验，拒绝接受世界各国的先进教育理念。

二　高等教育民族化与国际化协调发展面临的主要问题

高等教育民族化与高等教育国际化是两种不同性质的教育倾向，高等教育民族化注重国家和民族利益，高等教育国际化更强调国家间的交流与开放。有人认为教育国际化的本质就是教育西方化。他们认为就教育水平而言，国家之间存在着不均衡发展，经济发达国家和地区教育现代化水平较高，发展中国家处于教育现代化水平较低的阶段。还有人错误地认为既然高等教育的现代理念和国际公认的成功模式都源自于西方，所以发展中国家发展高等教育国际化就应该全盘西化，一切都与“国际接轨”，只有这样才可以彻底实现教育的现代化，因此必须要淡化高等教育民族化。

引进、消化和吸收国际先进教育理念和教育模式的过程，实质上也就是民族教育的改造和重建过程，这是一个复杂的系统工程，需要几代人做出艰苦的努力和经过长期的奋斗，是没有捷径，无法一蹴而就的。我们认为不能抱着急功近利的想法，不顾本国国情，盲目国际化和全盘西化。高等教育国际化确实成功地打破了各个国家和地区之间的教育壁垒，便于教育不发达国家和地区快速学习和吸取教育发达国家和地区的成功经验，在短时间以较快的速度推进高等教育事业的现代化。高等教育的国际化也确实促进了教育发达国家与不发达国家的合作，以强带弱，共同进步。高等教育的国际化还有助于把各国的民族特色推向国际舞台，向全世界展示自己的民族文化，实现开放和多元的文化交流。但许多国家，特别是一些发展中国家，其高等教育国际化与民族化的发展处于一个不均衡的发展过程中。稍有不慎，就会造成顾此失彼，呈现两极分化的发展态势。回顾中国高等教育近现代发展的历史，我们不能急功近利，为了摆脱教育的落后面貌就不顾本国国情和民族特性，盲目照搬、照抄西方现代化模式，在高等教育中只关心知识的传授和技能的培养，而忽视民族文化的继承和发扬。

也有人认为只有抵制高等教育国际化，才能保持高等教育的民族性。面对欧美发达国家经济、文化的强力冲击，为保持国家的政治、经济独立则采取盲目排外、故步自封的做法，在高等学校教育中片面强调政治性和民族性，而忽视传授发达国家先进的科技文化成果。笔者认为这也是不可取的。国际化不能等同于全盘西化。真正的国际化是在传承民族文化的基础上，尊重通行惯例的国际化。就像我国高等教育事业在某些发展阶段闭关锁国，完全拒绝外来信息和他国先进的文化与教育理念，让我国教育系统游离于世界教育系统之外，游离于教育现代化发展的潮流之外，这种高等教育的民族化最终只会造成高等教育系统走向封闭和落后，最终只会让教育事业走向崩溃的边缘。这必然会极大地阻碍国家经济、政治和文化教育现代化的进程。

高等教育国际化的目的是引进国外先进教育理念和模式，吸收、利用先进国家的高品质教育资源，通过国际合作等方式拉近与发达国家的差距，并让本国本地的教育事业走出国门，加入到国际高等教育合作与竞争的洪流中去。高等教育的民族化主要强调立足本国本地区，为社会经济的发展提供智力支持，为本国、本地区培养优秀的民族人才，以及重视本国本地区重要课题的研究，积极参与本国、本地区的社会经济发展，并尽最大可能地将相关研究成果反映到教学活动中去。

我国的高等教育要实现现代化，就既要加快高等教育国际化进程，又要从我国现实国情出发，坚持社会主义方向和国家基本教育方针不动摇，创建有自己民族特色的高等教育。高等教育国际化的目标并不是要消除教育的民族性，而是要通过引入国际先进教育理念和办学模式，使本国和先进国家的高等教育事业在教育理念、管理机制、人才培养等多方面实现互相学习、互相融合，最终达到促进全球高等教育和谐、健康发展的目的。所以说，民族化是国际化的前提和动因。全球高等教育的多元化和多样化发展，才会产生互相比较、相互竞争和相互学习的需要。

进入20世纪以来，科学技术在推动现代化发展和提高大众生活水平等方面起到了越来越大的作用，使得高等教育从过去以人文教育为主的模式转向了以科技文化教育为主的新模式。因而在这个意义上，高等教育国际化的趋同是不可避免的。但即便是这种科技文化和教育内容的国际趋同，也并不是高等教育国际化的全部。如果各国的高等教育日益趋同甚至雷同，那么也就完全没有互相学习和交流的必要了。实现高等教育国际化并不意味着全球大学会采取同样的教科书，灌输同样的内容，讲授完全相同的内容，更不意味着世界各国大学失去个性。高等教育国际化必须在本国已有的经济水平、民族传统、文化背景等基础之上开展。

通过比较不难看出，对发展中国家而言，如何在短时间内迅速实现教育现代化的需求更为急迫。发展中国家如果过分地强调高等教育的民族化或特色化，或者有意无意地以民族化来拒绝和抵制国际化，就不可能在根本上提高其高等教育现代化发展的水平，还会重复教育发达国家之前走过的弯路。而这样的民族化，大多都只是在一个较低的水平上徘徊，它将使该国的高等教育游离于世界高等教育现代化体系中心，最终跟发达国家的教育差距越来越大。现代化体系中的高等教育民族化，只有建立在高等教育国际化的基石之上才有意义，才能成为真正意义上的民族化。

当今世界上有一些第三世界国家经常为高端优秀人才流失而苦恼，国内的教育现代化进程日趋缓慢。造成这种状况的原因固然很多，但民族凝聚力差是其中一个重要的原因。民族意识淡薄、民族向心力减弱的原因之一在于这些国家在教育现代化的发展道路上只是简单引入教育发达国家和地区的理论和方法而未进行有效的消化、吸收，缺乏教育民族化的过程。这是我国在发展高等教育的过程中值得注意和警惕的。

在任何历史时期，高等教育的制度、理论和实践措施都需要深深地植根于本民族的文化热土之中，所以即使是在借鉴、移植他国的科技文化和高等教育模式的时候，也需要进行仔细的鉴别、选择和改造。国际化打破了民族的藩篱，把各民族的教育、文明都卷入了交流、融合的时代大潮之中，这势必会引发民族文化的认同危机。认同危机的出现必然要求重组民族文化，对本民族的固有文化价值进行重新审视、研判后再决定存留去向。所以，我们以民族的根本利益为出发点，在对固有文化的再思考中发现其中那些可以经历时间考验、值得后世传承的部分，从而完成民族文化价值的重组，在国际化与民族化的比较之中找到一个动态平衡点。

第四节　高等教育国际化和民族化协调发展初探

一　促进高等教育国际化和民族化协调发展的对策

经过前面的研究，我们已经认识到高等教育国际化和民族化相互对立、相互依存的辩证关系。通过回顾中国近现代高等教育的发展，也让我们意识到高等教育国际化和民族化在对立统一中协调发展非常重要，只有妥善地处理好国际化与民族化之间的矛盾关系，才能促使高等教育健康持续发展，并对中华民族实现伟大复兴产生积极的影响。

发展中国家如果不能很好地处理高等教育国际化和民族化协调发展的问题，就会导致很多的教育问题和社会问题。

首先，如果不能很好地处理两者的关系，就会造成发展中国家优秀人才大量外流。究其原因在于发展中国家的优秀人才在接受了国际化教育之后，往往感到本国的发展状况和发达国家存在差距；本国适合事业发展的成长空间也极为有限，也同发达国家有很大差距。同时受教育者在接受国际化教育的过程中也会产生一定程度的对本民族文化的不适应性。这些都会造成发展中国家已经培养好的优秀人才流向发达国家。

联合国教科文组织的统计数字显示，中国在 2006 年就已经成为世界上出国留学生人数最多的国家，全世界几乎每 7 个外国留学生中就有 1 个中国学生。根据教育部统计，2014 年度我国出国留学人员总数为 45.98 万人，其中国家公派 2.13 万人，单位公派 1.55 万人，自费留学生 42.303 万人。2014 年度各类留学归国人员总数为 36.48 万人，其中国家公派 1.61 万人，单位公派 1.26 万人，自费留学 33.61 万人。[①]

所以，我们在重视发展教育国际化的时候，还要注意做好人才回流工作。为了防止第三世界国家在教育国际化的过程中出现优秀人才流失、民族文化丧失等弊端，我国必须加大民族教育事业投入和建设的力度，在培养本土化优秀人才的同时，采取引进发达国家专家、同发达国家学校合作办学、共同开展合作研究、促进人员互访、短期培训和交流等形式，发展国际化教育事业。教育发达国家也应尽量提供优质教育资源，为发展中国家的优秀人才提供国际化教育机会，并支持这些优秀的发展中国家的人才学成后回到母国。

其次，过分强调教育国际化还会导致发展中国家的民族文化传承割裂，最终导致这些国家丧失本民族传统文化。对此，我国一定要在教育国际化过程中保持文化的独立性，始终坚持中国特色、中华民族特色，防止出现失衡甚至全盘西化的情况。

在这个问题上，香港中文大学的成功经验非常值得内地高校学习。香

---

① 来源：www.moe.edu.cn/publicfiles/business/htmlfiles/moe/s5987/201503/18449.

港中文大学创立于 1963 年 10 月 17 日，打破英帝国一地只有一所高等学府的规定。香港中文大学的创立成功地推动了香港知识界为争取中文享有官方语言地位的“中文运动”，最终迫使当时的港英政府承认中文享有与英语同样的合法语言的地位。香港中文大学在创校之初就把促进中西学术文化传统的交流与融合，确定为办校的宗旨，要求每一个中文大学的学生都必须在精通西方的科学知识的同时，还深入地了解中国传统文化。通晓中英两种语言是中文大学学生了解与沟通世界不可缺少的工具。在中文大学短短几十年的发展历程中，每一任校长都秉持发展对外学术交流、促进中西文化汇聚的办学宗旨。经过了几十年的发展，香港中文大学已经从港岛一间不起眼的大学，走向了世界教育舞台，每年都吸引着大量的国际学生入校学习。

最后，教育国际化还会加速发达国家文化扩张和入侵，从而破坏全球民族文化的多样性，进而引发发展中国家本土文化、民族文化的反抗。以上这些负面影响在网络化社会情况下还会加剧。

在 2005 年 10 月第 33 届联合国教科文组织大会通过的《保护和促进文化表现形式多样性公约》中，“文化多样性”被定义为各群体和社会借以表现其文化的多种不同形式。这些表现形式在他们内部及其间传承。文化多样性不仅体现在人类文化遗产通过丰富多彩的文化表现形式来表达、弘扬和传承，也体现在借助各种方式和技术进行的艺术创造、生产、传播、销售和消费。文化多样性是人类社会的基本特征，也是人类文明进步的重要动力。所以我们在实施高等教育国际化的过程中应强调文化的多样性的原则，而不能将西方强势文化强加于其他国家、其他民族，或使其泛世界化。在跨国的教育、学术交流中，也应当尽力保持教育交流的双向对等与平衡。不应该生搬硬套发达国家的经验，只有这样才能让受教育者成为既熟悉本民族文化，又了解西方文化，有较强的文化吸纳能力的人才。

我们既要真诚地吸纳世界各国优秀文化、优秀高等教育理念，使之在中国传播，广泛吸收各国优秀文明成果，又要更加主动地推动中华文化走出国门，迈向世界，提升中华文化的国际影响力。简单移植、照抄国外办学模式不但不能使本国教育得到健康的发展，还会对自己的民族教育产生破坏性影响。所以一个国家必须从本国、本民族的教育基础、文化背景、民族传统出发，对传统文化教育和外来文化教育进行融合，去粗取精，去伪存真，最终才能发展出有民族特色和国际意识的现代化高等教育，推动国际“文化多样性”的发展。

二 创建有民族特色的国际化教育的办学模式和理念

那么中国如何既顺应高等教育国际化趋势，又走有中国特色的民族化道路呢？

笔者认为应该采用如下的办学模式和教育理念：

第一，牢固树立国际化的教育理念，培养具有国际化教育背景的复合型人才。定期选派优秀学者和有潜力的青年教师到国外知名高校和研究机构研修，进行国际合作研究；此外，还应在国内外范围内招聘既了解中国国情而又兼具国际化教育背景和全球视野的教育管理人才和教学、科研人才。

围绕国家发展战略目标，从2008年开始，国家已经开始有计划地引进两千名左右优秀高端人才并重点扶持一批能够带动科技进步和高新产业发展的知名科学家和学科带头人才来中国兴办创新产业，即国家“千人计划”。同时，各地也结合本地区经济社会发展水平和产业结构特点，有针对性地引进一批国外优秀人才，即地方“百人计划”。

第二，从中国现阶段的基本国情和国家需要出发，全面改革高校学科设置，增设一些与国际化教育相关的课程与专业，减少一部分已经落后于时代需要的课程，培养当代学生的国际化视野，增强他们对国际情况、全球民族文化等方面的了解，从而丰富学生的国际化知识结构。

从2013年开始，哈佛的本科生全面推行一套新的通识教育计划（General Education），以取代之前设置的“核心课程”（Core—Curriculum）。所谓通识课程，就是学校提供给本科生一系列基础课程，不论该学生的专业是什么，每个学生都必须从提供的课程中选出一定数量的课程作为必修课。通识教育计划重新划分了学生需要了解的通识领域。不少通识课都拓展了选课学生的国际化视野，这是值得中国高等院校借鉴的地方。

国内各大高校近年来也不断在继承中华民族优秀教育传统的基础上，借鉴国外先进的办学理念，推陈出新，探索新时期的高等教育办学模式。

北京大学推出的燕京学堂计划就是一个很好的探索。燕京学堂（Yenching Academy）成立于2014年5月5日，是北京大学近年来设计的首个具有国际视野的高端的学术研究和人才培养计划。该计划鼓励学生从跨学科的背景出发、在全球的语境中认识和了解中国。燕京学堂为了打造全球最高端的中国国学教学和研究机构，将通过招聘“讲座教授”的形式打造一支国际一流的“中国学”教学研究队伍，包括从北京大学现有人文社科优秀学者中联合聘请30名，从国外招聘相关领域杰出学者20名，邀请顶尖国际访问教授20名。燕京学堂的招生工作将通过国内外合作大学推荐和公开招生相结合的形式完成。计划65%的学生来自国际及港澳台地区一流高校，35%来自中国大陆著名学府。北京大学将为所有学生提供全额奖学金，首批100名学生将于2015年9月入学。学堂采用英国的住宿式学院（Residential College）模式，各国留学生将集中住宿，在驻院导师的指导下学习。

“燕京学堂”（Yenching Academy）计划植根于北京大学深厚的历史文化，整合北京大学各人文、社会科学学科的优势，为来自海内外顶级大学的学生开设一年制的“中国学”硕士学位项目（Master of Chinese Studies）。届时，来自全球各一流大学的本科应届毕业生，经过北京大学的严格考察，可进入燕京学堂学习。燕京学堂以“中国主体性为基础的国际领导力养成”为培养原则，设计了哲学与宗教、历史与考古、文学与文化、经济与管理、法律与社会、公共政策与国际关系六个方向的课程，并为学堂学生提供多种实践机会，帮助他们广泛接触各个社会阶层，深度体会中国文化的魅力。燕京学堂的办学目标是力争把学生培养成为各个领域“了解中国、贡献世界”的未来领导者。

燕京学堂计划将中国传统的学堂和西方同样具有悠久历史的学院体制完美地融合在一起，整合中国和世界顶级的师资和学术研究队伍，堪称高等教育国际化和民族化结合的典范。燕京学堂的办学模式值得国内各高校借鉴。

第三，加强国家间的教育合作。促进国际学生、交流学者的互派，加强国际合作办学和学术交流，学分互认等，鼓励学者多多参与国际合作研究，及时掌握最新的高等教育发展动态，使我国高等教育紧跟国际发展潮流。

为贯彻落实人才强国战略，推进高水平大学建设，增强为建设创新型国家服务的能力，国家在重点建设的高水平大学中实施“国家建设高水平大学公派研究生项目”。该项目每年将选派5000名以上的研究生，到国外一流的院校、专业，师从一流的导师留学学习。2014年教育部计划遴选7000名研究生参加该计划。到2013年，签约高校已基本覆盖“211”工程院校和“985”院校。经过国家有关部门的批准，国家留学基金管理委员会于2011年底新增了74所“特色重点学科项目”建设高校，“特色重点学科项目”建设高校开始可以申报“国家建设高水平大学公派研究生项目”。此外，各高等院校也建立起多种类的人才国际化教育和培养计划，加大与国外交流与合作培养人才的力度。

第四，进一步完善高等教育国际化的制度建设，建立人员交流和国际合作的规章制度。完善高等院校在教学、科研领域进行国际交流与合作的制度和派遣与接收国际学生的制度，使之适合外国访问学者和留学生的要求，发挥相应的作用。各高等院校都需要建立负责国际化教育与合作的专门机构，为高等教育国际化的实现创造客观条件，提供交流渠道，推进各项国际教育活动标准化、系统化。

第五，建立起国际人才吸引和本国人才回流机制。前面我们已经谈到，发展中国家会在现代高等教育国际化初级阶段产生人才流失现象，也没有足够的吸引力吸纳国际高端人才。

三 打造“人才回流”和“人才环流”的接纳国

近年来，各国不断提升自己的软环境和配套扶持措施，越来越多的在发达国家工作的高精尖外来移民人才开始回到母国工作，欧美等发达国家开始受到“逆向人才流失”的困扰。目前，中国的高等教育国际化已经跨越了初级阶段，中国高等教育的硬件足以吸纳国际高端人才以及流失掉的本国优秀人才，中国已成为世界上最主要的“人才回流”和“人才环流”的接纳国。重要的是如何营造更好的“软件条件”，笔者认为需要做到以下几点。

首先，应该改变观念，必须要做到重视人才。要想遏制住人才流失，在国际化的竞争中脱颖而出，必须树立的就是重视人才的观念。只有坚持尊重知识、尊重人才，才能合理使用人才，最大限度地发挥人才的价值，否则即使得到了人才，最终也会流失。

其次，国家要出台政策支持和财政扶持措施，鼓励本国优秀人才学成回国。从历史的经验看，只有为归国人员提供优质的教育，科研的硬件、软件条件，才会吸引流失到发达国家的人才回归。

再次，为归国人才打造良好的教育、科研环境。高等院校要推进各种人才评价制度改革，建立起合理的人才鼓励制度，只有这样，才能吸引国际高端人才，推动国内的高等教育国际化进程。

此外，完善国内的教育制度是解决人才流失，吸纳优秀人才的一个重要举措。只有完善高等教育制度，营造一个良好的人才培养环境，才能从源头上防止人才外流，让流失的人才回流。

尽管归国留学人数与出国人数同时保持了较高的增长率，但与我国对高层次人才的需求相比，获得博士学位又有相应研究或工作经历的高层次人才的回流率还是远远不够。调查资料显示，吸引人才回流的工作依旧任重道远。

在这一问题上，香港科技大学吸引"国际优秀人才环流"的成功经验也值得内地高校借鉴。香港科技大学（Hong Kong University of Science and Technology）是一所高度国际化的研究型大学，由理、工、工商管理及人文社会科学四所学院组成，为世界百强大学之一。

香港科技大学在建校之初，就将自己定位为一所"在国际上具有深远影响，而又致力为本地服务的优秀学府"。要想建设一所一流大学，优秀教师是非常重要的。香港科技大学之所以能够达到国际高水平，全靠优秀的教授。学校始终遵循"延聘一流人才，并使他们快乐工作（Recruit the best people and keep them happy）"的信条，所聘教授都是在国际上非常出色的教授。这些高水平的学者型教授凭借多年积累起来的显赫声望和丰富经验，使香港科技大学在起步时就取得了国际同行公认的学术地位，也弥补了建校历史的短暂和文化积累的不足。

香港科技大学再利用所聘任教授的关系网络，迅速帮助学校建立了非常强大的国际网络。所以该校在建校之后迅速与欧美最好的前 50 所大学建立了非常密切的关系。在聘请到优秀的国际人才后，香港科技大学还坚持既以人为本又严格规范的师资管理制度，使科大拥有一支具有国际化高水准的教师队伍，极大地提升了科大的国际竞争力。这是值得内地高校借鉴的成功经验。

参考文献

陈学飞：《高等教育国际化——跨世纪的大趋势》，福建教育出版社 2002 年版。

张焕庭：《教育辞典》，江苏教育出版社 1998 年版。

李盛兵：《跨国高等教育人才培养模式研究》，人民教育出版社 2010 年版。

张民选、李亚东等：《中外合作办学认证体系的构建与运作》，高等教育出版社 2010 年版。

OECD 编：《教育政策分析 2005—2006》，清华大学教育研究所译，教育科学出版社 2008 年版。

皮特·斯科特主编：《高等教育全球化：理论与政策》，周倩、高耀丽译，北京大学出版社 2009 年版。

王剑波：《跨国高等教育与中外合作办学》，山东教育出版社 2005 年版。

吴松等：《WTO 与中国教育发展》，北京理工大学出版社 2001 年版。

［美］克拉克·科尔：《大学的功用》，江西教育出版社 1993 年版。

［美］理查德·雷文：《大学的工作》，外文出版社 2004 年版。

［英］洛克：《教育漫话》，人民教育出版社 1963 年版。

靳希斌：《国际教育服务贸易——理论、规则与行动》，福建教育出版社 2005 版。

吴剑丽、李娅玲：《高等教育课程国际化的研究与实践》，科学出版社 2013 年版。

吴坚：《当代高等教育国际化发展》，人民教育出版社 2009 年版。

斯大林：《马克思主义和民族问题》，《斯大林全集》第 2 卷，人民出版社 1953 年版。

顾明远:《教育大词典》,上海教育出版社 1991 年版。

殷企平:《英国高等科技教育》,杭州大学出版社 1995 年版。

章泰金:《英国的高等教育:历史·现状》,上海外语教育出版社 1995 年版。

赵荣昌、单中慧:《外国教育史教学参考资料》,华东师范大学出版社 1991 年版。

万力维、张超:《国际教育:当代教育发展的共同趋势及我们的对策》,《中国高等教育资料》1997 年第 4 期。

蒋立杰、黄明东:《论研究型大学教师队伍的国际化》,《河北师范大学学报》(教育科学版)2012 年第 2 期。

管春英、龚方红等:《论高校师资队伍的国际化建设》,《中国高等教育》2011 年第 18 期。

[德] 乌利希·泰希勒:《欧洲化、国际化、全球化——高等学校何处去?》,陈洪捷译,《北京大学教育评论》2003 年第 1 期。

夏亚峰:《美国的留学生教育现状及其比较研究》,《外国教育资料》1996 年第 3 期。

国家留学基金管理委员会秘书处:《2003 年全国来华留学生统计摘要》,北京,2004 年。

张帆、王红梅:《文化的力量:德国歌德学院的历史和启示》,《比较教育研究》2006 年第 11 期。

吴凡:《我国"985"工程高校本科教育教学国际化研究》,《高等理科教育》2013 年第 5 期。

周南照:《教育国际化的若干国家政策比较和世界态势反思》,《世界教育信息》2013 年 2 月。

刘复兴:《教育政策的四重视角》,《清华大学教育研究》2001 年第 4 期。

刘寒雁:《云南省与大湄公河次区域五国高等教育国际竞争力发展战略比较研究》,《云南农业大学学报》(社会科学版)2009 年第 6 期。

王庆石、刘伟:《我国高等教育国际化的相关问题及其对策》,《现代教育管理》2009 年第 5 期。

张建新:《英国高等院校学生的国际流动》,《比较教育研究》2003 年第 5 期。

刘晖:《从〈罗宾斯报告〉到〈迪尔英报告〉——英国高等教育的发展路

径、战略及其启示》,《比较教育研究》2001 年第 2 期。

沈玉宝:《英国高等教育国际化的动因、特点及启示》,《北京教育》2012 年第 2 期。

丁玲:《从联邦政府的行动透视 21 世纪美国高等教育国际化》,《高等教育研究》2011 年第 4 期。

高云:《“第三条道路”与英国高等教育改革》,《教育发展研究》2004 年第 3 期。

崔庆玲:《在高等教育国际化中美、英两国留学生教育思考》,《理工高教研究》2004 年第 5 期。

联合国教科文组织:《从统计数字看世界高等教育》,《教育参考资料》2000 年第 1—2 期。

詹春燕:《高等教育国际化战略——英国经验及其启示》,《湖北社会科学》2008 年第 4 期。

马丁·特罗:《美高等教育政策比较》,张小琴译,《国际高等教育研究》2000 年第 4 期

李德芳:《英国文化外交的世界影响力》,《当代世界》2012 年第 4 期。

宋要武:《密西根州立大学(MSU)国际化进程的启示》,《临沂师范学院学报》2010 年第 2 期。

李海霞:《国际视野与自我超越——美国密歇根州立大学赵勇博士访谈》,《现代教育技术》2003 年第 3 期。

李子江、李子兵:《国外高校教师队伍建设的经验与特色》,《大学教育科学》2006 年第 1 期。

教育部:《2012 年全国来华留学生简明统计报告》,中华人民共和国教育部,2013 年。

康宏:《我国高等教育评估制度:回顾与展望》,《高教探索》2006 年第 4 期。

郝平:《推进教育对外开放提高教育国际化水平》,《行政管理改革》2011 年 2 月。

郝平:《落实纲要继往开来,科学发展再谱新篇——在全国来华留学工作会议上的主题报告》,《世界教育信息》2010 年 11 月。

《关于加快推进高等院校实施“走出去”战略的若干意见》,《云南日报》2006 年 7 月 12 日。

《在滇留学生首超3万人》,《人民日报海外版》2014年2月25日第2版。
毛毳:《国际化人才培养策略探析》,《佳木斯大学社会科学学报》2012年第1期。
杨启光:《当代不同国家高等教育国际化政策发展模式》,《现代大学教育》2008年9月。
吴刚:《教育创新的目标选择》,《教育研究》1999年3月。
金帷:《改革开放以来中国高等教育国际化政策的嬗变》,《中国人民大学教育学刊》2012年12月。
冯洁、陈何芳:《改革开放以来我国公派留学回国政策回顾与思考》,《世界教育信息》2012年2月。
潘晨光、娄伟:《改革开放以来我国留学事业的回顾与展望》,《社会科学管理与评论》2004年9月。
易凌:《中外合作办学中面临的法律问题及解决途径》,《教育研究》2012年6月。
张晓鹏:《大陆中外合作办学与香港非本地课程相关法规比较研究》,《中国教育政策评论》2006年10月。
《邓小平作出扩大派遣留学生的战略决策》,《人民日报》2009年9月。
李珩:《有关大学教育国际化问题的思考》,《神州学人》2010年7月。
张建仁:《关于教育国际化若干问题的思考》,《新疆师范大学学报》(哲学社会科学版)2003年9月。
陈霓:《我国世纪之交自费出国留学政策分析》,《改革开放与中国高等教育——2008年高等教育国际论坛论文汇编》2008年11月。
陈昌贵、谢练高:《走进国际化——中外教育交流与合作研究》,广东省出版集团2010年4月。
耿海萍、邱晓平、潘芳芳等:《北京高校学生海外学习调查及分析》,《高教发展研究》2010年11月。
《在滇留学生首超3万人》,《人民日报海外版》,2014年2月25日第2版。
《2013年度中国科技论文统计结果》,中国科学技术信息研究所,2013年。
陈亚玲:《高等教育国际化——中国的历史与现状》,硕士学位论文,湘潭大学,2002年。

孔涛:《中国高校师资国际化问题研究》, 硕士学位论文, 南京理工大学, 2004 年。

赵希:《湖南高等教育国际化政策研究》, 硕士学位论文, 湖南大学, 2009 年。

刘军明:《发达国家高等教育国际化政策的发展》, 硕士学位论文, 复旦大学, 2008 年。

张进清:《跨境高等教育研究》, 博士学位论文, 西南大学, 2012 年。

王俊峰:《美国高等教育国际化探析》, 硕士学位论文, 天津师范大学, 2012 年。

Education at a Glance: OECD Indicators, 2005 Edition. (http://www.oecd.org/education/skills - beyond - school/educationataglance2005 - home.htm).

Fred M. Hayward, "Intermationalization of U. S. Higher Education Preliminary Status Report", *American Council on Education*, June 2000.

" IIE. U. S. Study Abroad Student Profile ", August 2011. (http://opendoors.iienetwork.org/? p = 150839).

"Promising practices", *Spotlighting Excellent in Comprehensive Internationalization.* (http://www.ace - net.edu//AM/template.cfm? Section = Home).

"Universities UK. (2007)", *Statistics about International Staff Recruitment.* http://www. international. ac. uk/statistics/international - staff _ recruitment. cfm.

"Ford Foundation Annual Report", www.fordfound.org/eli - brary/doeuments/1956.

Simon, "president Simon's founders", *Day Address*, 2/9 2006.

Yu Kameo ka, "Internationalization of Higher Education", *OECD Documents*, 1996.

Hayward, Fred M., "Internationalization of U. S Higher Education: Preliminary Status Report 2000": *American Council on Education*. Washington. D. C: 2000.

"Research Assessment Exercise: Guidance on submissions ", (2005 - 06 - 20) [2009 - 10 - 08].

后　　记

自改革开放以来，中国高等教育国际化已经取得了举世瞩目的成就，为现代化建设和我国高等教育国际影响力的提升打下了坚实的基础。伴随着经济全球化和知识经济的迅速发展，高等教育国际化已经成为不可逆转的世界趋势。大学作为高等教育领域推动国际化进程的主要机构，它的教育国际化发展状况至关重要。在经济全球化的大背景下，中国高等教育正逐步走向世界。全球化的发展，也要求我国用全球化的思维来规划高等教育的发展，承担更多的国际责任。但是目前我国高等教育国际化总体战略和目前的发展现状还存在不小的差距，还有很多值得进一步深入思考和研究的问题，为此，北京青年政治学院课题组特别申请了北京市教委科研基地建设科技创新平台项目——"北京地区高等教育国际化研究"，深入探讨国际化的教育理论与实践，本书即是此课题的最终研究成果。

课题组承担本课题后，在项目负责人姜闽虹同志的组织下，通过文献研究、调研、访谈、比较等方法，全面探讨高等教育国际化的构成要素，详细分析高等教育国际化的内涵和基本构成要素；通过研究、解读高等教育国际化相关的政策法规，为相关部门制定教育政策、法规提供准确的数据支持；还深入研究北京、云南等地区高等教育国际化现状，并选取其中的典型高等院校，系统地总结我国高等教育国际化的经验得失；此外，全面梳理了英美两国高等教育国际化的进程，总结了发达国家的成功经验，提出了优化我国高等教育国际化的路径；最后，在全球化的大背景下，提出了如何将高等教育国际化和民族性两者有机地结合起来，创建有中国特色的高等教育国际化模式。

本书主编为梁绿琦、姜闽虹。第一章撰稿人为姜闽虹、赖文霞；第二章撰稿人为吴晗睿；第三章第一节撰稿人为于琴、朴美玉，第二节撰稿人为王育珍；第四章撰稿人为刘巍、贾一村；第五章撰稿人为林毅。宁艳红参与了本书的统稿工作，在此表示感谢！

虽然我们的课题研究工作伴随本书的出版暂告一个段落，但我们对于高等教育国际化的探索还在继续。我们深望读者不吝赐教，和我们一起推动我国高等教育国际化的发展。

“高等教育国际化研究”课题组